Barthold Hermann Bergst

Der Prediger Salomo

deutsch bearbeitet für nicht theologische Bibel-Leser

Barthold Hermann Bergst

Der Prediger Salomo
deutsch bearbeitet für nicht theologische Bibel-Leser

ISBN/EAN: 9783743470675

Hergestellt in Europa, USA, Kanada, Australien, Japan

Cover: Foto ©Lupo / pixelio.de

Weitere Bücher finden Sie auf **www.hansebooks.com**

Der

Prediger Salomo

deutsch bearbeitet

für

nicht theologische Bibel-Leser.

Ein Versuch

von

Barthold Hermann Bergst

Prediger zu Mittelnkirchen im Alten Lande
Herzogthums Bremen.

Hamburg, bey Carl Ernst Bohn.
1799.

Sr. Magnificenz

dem

Hochwürdigen und Hochgelahrten Herrn,

Herrn

Johann Casper Velthusen

der Gottesgelahrtheit Doctor,

Königl. Großbritt. Churfürſtl. Braunſchw. Lüneb. General-Superintendenten in den Herzogthümern Bremen und Verden, auch Conſiſtorial-Rathe zu Stade.

wie auch,

dem

Hochwürdigen und Hochgelahrten Herrn,

Herrn

Albrecht Anton Watermeyer,

Königl. Großbritt. Churf. Braunschw. Lüneb.

Consistorial-Rathe und Garnison-Prediger

zu Stade,

widmet

seinen Versuch über den

Prediger Salomo,

als

ein öffentliches Merkmal seiner innigsten

Verehrung,

mit

der Bitte, um eine geneigte Aufnahme
und nachsichtige Beurtheilung, für
dieses Unternehmen

und

empfielet

Denenselben

sich

unter herzlichster Anwünschung des dauerndsten Wohlergehens

zu

stets ununterbrochenen Wohlwollen

Deroselben

ganz gehorsamster Diener
der Verfasser.

Vorrede.

Der Prediger Salomo war von jeher dasjenige Buch des Alten Testaments, dem ich unter allen allein keinen rechten Geschmack abzugewinnen wußte. Bey manchen einzelnen schönen Gedanken stieß ich doch immer auch auf manche, die ich nicht zu gebrauchen, oft nicht einmal zu rechtfertigen wußte, und von dem ganzen desselben konnte ich mir, ich muß es gestehen, nie eine rechte Idee verschaffen. Immer schienen mir einige Stellen mit andern eben desselben Buchs im Widerspruch zu stehen und von manchen wußte ich mir nicht die Frage zu beantworten. Wie kommen die hieher?

Als im Jahr 1772 Dr. J. H. D. Moldenhauers, Prediger Salomo, heraus kam, schaffete ich mir selbigen an, um mir daraus Erläuterung zu verschaffen, fand sie aber nicht darin. Ich hoffete sie zu finden,

den, wenn Michaelis Bibel-Uebersetzung bis zu diesem Buche fortgerücket wäre. Aber auch diese gewährete sie mir nicht. Endlich hoffete ich sie durch Dathii Ecclesiastes zu erhalten; Und wirklich leistete mir der auch vieles, was ich von seinen Vorgängern vergebens erwartet hatte. Allein jene Frage blieb mir auch durch ihn bey manchen Stellen unbeantwortet. Ich gab mich also darüber zu und schaffete mir auch Doederleins Uebersetzung dieses Buches nicht gleich an, weil mir ihr Daseyn nicht gleich anfangs bekannt wurde, ich auch demnächst, nach dem, was ich in Dathens Noten daraus angeführet fand, nicht glaubte in selbiger das finden zu können, was auch dieser mir nicht gewähret hatte.

Indeß traf vor etwa einem oder anderthalb Jahren der Einrichtung unsers Landes zufolge, nach welcher in den Betstunden die biblischen Bücher A. T. ihrer Ordnung nach vorgelesen und erkläret werden, dieses Buch hier die Reihe dazu. Der Umstand nun

nun veranlassete mich es nochmals zur Hand zu nehmen, und dieses Mal des Hrn. HR. Eichhorns Einleitung ins A. T. dabey zu Rathe zu ziehen. Ich wandte dessen und Hrn. Herders Idee von einer darin enthaltenen Unterredung zweyer Personen auf selbiges an und versuchte es von der B. 3. S. 574. gegebenen Vertheilung dieses Buchs unter selbige Gebrauch zu machen: Und siehe da! nun gieng mir über selbiges ein Licht auf, das mir noch Keiner angezündet hatte; ich fand die mir bisher unverständlichen Stellen erklärlich; ja! es kam mir vor, als wenn ich nun Absicht und Plan in diesem Buche gefunden hätte und als ich mit der Vorlesung desselben durch war, ward mir dies Buch in eben dem Grade lieb, in welchem es mir bisher gleichgültig gewesen war.

Ich hatte es diesen erhaltenen Belehrungen zufolge meiner Gemeine als ein Buch erkläret, in welchem zwey Personen, eine ein Tadler der göttlichen Weltregierung,

die

die andere ein Vertheidiger derselben, redeten, und mir auf Zetteln dasjenige notiret, was ich in der Kirche darüber glaubte sagen zu müssen. Als ich nun damit fertig war versuchte ich zu meiner eigenen Belehrung das Ganze desselben zu entwerfen um zu sehen, wie ich es nun beym ganzen Ueberblick desselben fände. So entstand der hier abgedruckte Text, und ich gestehe es, nun schien mir das Buch so Inhalts- und zugleich so Geistreich, daß ich mir einbildete auch andern Bibel-Lesern, die sich nicht so, wie ich gethan hatte, mit selbigem beschäftigen, nicht die Männer, die mir Licht vorgetragen hatten, besonders einen **Dathe** *) und **Eichhorn** um Rath fragen konnten, einen Gefallen zu erzeigen, wenn ich ihnen die Resultate meiner Beschäftigungen mit selbigem mittheilte.

Und

---

*) Döderleins Pred. u. H. Lied Sal. erhielt ich, ungeachtet es früher verschrieben war, erst da mein Aufsatz schon ganz fertig war.

Vorrede.

Und diese eben genannte Bibel-Leser, nicht aber Bibel-Forscher von Profession, sind es, für welche dieser Versuch über den Prediger Salomo geschrieben wurde. Wenn daher diese Letztern manche zur Verständlichmachung des Textes ihm untergesetzte Note überflüßig, manches in der Einleitung Gesagte zu deutlich gemacht finden sollten, so muß ich sie bitten auf diese seine Bestimmung bey Beurtheilung desselben Rücksicht zu nehmen. Eben so muß ich sie ersuchen, wenn sie neue Entdeckungen in der Bedeutung der Wörter oder neue Erläuterungen aus andern morgenländischen Sprachen darin vermissen, zu erwägen, daß die Lage eines Landpredigers nicht sehr dazu gemacht sey, sich mit Aufsuchung derselben zu beschäftigen und ihn erheblichen Erfolg davon erwarten zu machen. Meine Schrift aber mit den Bemerkungen anderer bunt zu machen? dies glaubte ich würde ohne Nutzen und meinen eigentlichen Lesern unangenehm seyn. Genug, ich glaubte aus dem mir zur

Hand

Hand seyenden Hülfsmitteln einen Sinn dieses Buchs darlegen zu können, der es verständlich und lesbar machte: Fände man, daß sie dies leiste, so wäre das der Ruhm alle, den meine Schrift ambiret. Selbst die wenigen am Schlusse angehängten gelehrter aussehenden Bemerkungen würden weggeblieben seyn, wenn ich nicht geglaubt hätte über die Stelle Cap. 4, 17. etwas sagen zu müssen, welcher hier ein Sinn beygeleget wird, den wenigstens ich noch nirgend ihr beygelegt auch in den Noten über diese Stelle, die ich gesehen, keine Spur von ihr gefunden habe, der mir aber in den Ausdrücken gegründet und zugleich der einzige hieher passende zu seyn scheinet. Eben um dieser Bemerkungen so wenige als möglich zu machen habe ich alle Nachweisungen auf Däthens Noten zu seinen Ecclesiastes, da, wo diese die Wahl des Ausdruckes bestimmt haben, weggelassen in der Voraussetzung, daß der exegetisch-gelehrtere Leser diese kenne und der, wenigstens in dieser Rücksicht, Ungelehrtere, der hier die Haupt=

Hauptperson ist, abgeneigt seyn dürfte entbehrliche und ihm ganz unnütze Blätter zu kaufen.

Wenn ich übrigens gleich gern und dankbar gegen das Andenken des gelehrten Mannes gestehe, daß Dathii Ecclesiastes mir bey meinem Versuche so viele Dienste geleistet habe, daß er vielleicht ohne diesen ganz unterblieben seyn möchte, so wird doch Jeder, der beyde mit einander vergleichet, ohne Schwierigkeit entdecken, daß letzterer keineswegs eine bloße Uebersetzung seines Lateins in dies Deutsche sey: Und wer dieses auch nicht thut wird dies ebenfalls nicht mehr denken, wenn ich ihm sage, daß auch Dathe die hier in der Einleitung bestrittene Hypothese annehme, daß der Prediger Salomo, seiner Einkleidung nach, eine in eins fortgehende Rede, oder Abhandlung sey. Dathe mußte bey dieser Voraussetzung nothwendig Bedenken tragen manche Ausdrücke des Forschers in der ganzen Härte darzulegen, in der ich sie ohne Bedenken darstellen konnte, da mir, der hier angenommenen Absicht des Verfas-

Verfaſſers nach, der Forſcher ein Fehlender, ein Irrender iſt, den ſein Gegner zu rechte weiſet und widerleget.

Die vorgeſetzte Einleitung glaubte ich den Leſern ſchuldig zu ſeyn, für die ich ſchreibe. Sie kömmt freylich auch mir, mit dem Text verglichen etwas lang vor und ich kann mich ſelbſt nicht enthalten bey derſelben an den weiten Eingang eines Pallaſtes zu einem gewöhnlichen Bürgerhauſe zu denken. Indeß wüßte ich doch nicht, was ich hätte weglaſſen, oder wie das Geſagte kürzer faſſen können ohne Gefahr zu laufen den Leſern, für welche ſie geſchrieben wird, unverſtändlicher zu werden, als ich ihnen bleiben durfte. Was mir, als für dieſe entbehrlich vorkam, habe ich weggelaſſen. — Um die Vergleichung mit Luthers Ueberſetzung zu erleichtern ſind am Rande die Capitel derſelben beygeſetzet worden. Mit den Verſen, die mancher vielleicht auch her gewünſchet hätte, ließ ſich das nicht gut thun, weil hin und wieder der Zahlen zu viele hätten beygeſetzet und Anfang und Ende eines

jeden

jeden durch Striche hätte bemerklich gemacht werden müssen, daran, dünkt mich, das Auge einen Uebelstand gefunden haben würde. — Noch bemerke ich, daß die Worte, auf welche sich die Bemerkungen des Anhangs beziehen mit einem * bezeichnet sind, so wie die Buchstaben auf die gleich unter dem Texte stehenden Anmerkungen hinweisen.

Was mein Verfahren bey dieser Bearbeitung des Pred. Sal. anlanget, so suchte ich zuförderst die Bedeutung der Worte des Grundtextes auf und legte mir dann folgende Fragen vor: Was können diese Worte für einen Sinn geben? Welcher derselben passet in d i e s e Verbindung? Wie würde ein Deutscher d i e s e n Sinn in d i e s e r Verbindung ausdrücken? — Und der, auf welchen mich dann mein durch meine individuelle Einsicht in selbigen geleitetes Gefühl führte, wurde dann niedergeschrieben. Ob ich auf diese Art den rechten Sinn mehr getroffen, oder verfehlet? Ob meine für ihn gewählten Ausdrücke öfterer passend, oder unpassend sind? das muß

muß ich dem Urtheil derer überlassen, welchen es zukömmt.

Soviel aber kann ich hier nicht unbemerkt lassen, daß dieses Buch des A. T. mir, wenn ich mir's seinem Inhalte und Vortrage nach auf die Art denke, wie es hier dargestellt wird, in eben dem Grade deutlich, lehrreich und angenehm werde, als es mir, in allen mir zu Gesichte gekommenen Uebersetzungen, noch immer an vielen Stellen undeutlich, unzusammenhängend, daher weniger angenehm, auch, in Ansehung des Ganzen, weniger lehrreich vorgekommen ist. Ob meine Leser hierin mit mir sympathisiren werden? darüber muß ich die Erfahrung sprechen lassen. Und versichere nur noch zum Schlusse, daß ich mit meiner Arbeit um so mehr zufrieden seyn werde, je mehr diese günstig für dieselbe entscheiden wird.

Der Verfasser.

Einleitung.

B

Das Buch des A. T., das hier in einem deutschen Gewande erscheinet, führet in unsern hebräischen Bibeln den Namen Koheleth von dem Character, den sich der darin entweder redende, oder redend eingeführte Salomo beyleget. Dieses Wort ist nun aber eines von denen, über deren eigentliche Bedeutung sich die Sprachforscher noch nicht völlig einig sind, weil bey jeder, die man ihm beyleget, noch Schwierigkeiten sich finden, welche sie immer noch ungewiß machen. Eine derselben hat indeß von den ältesten Zeiten her einen vorzüglichen Beyfall gefunden, weil sie vor andern sich durch etymologische Gründe vertheidigen lässet und diese führet auf einen Sinn des Worts, durch welchen es einen Redner bedeuten würde. Sie ist diejenige, die schon in der ältesten Uebersetzung der Bücher des A. T., der Griechischen der sogenannten 70 Dolmetscher, angenommen ist, als welche dies Wort durch

durch Ecclastäs ausdrücken, welches den Redner in einer Versammlung bedeutet. Weil man indeß nachher in diesem Buche nicht nur eine einzige fortgehende Abhandlung sondern auch insbesondere **eine Predigt**, in welcher die Nichtigkeit und Vergänglichkeit aller irdischen Vorzüge und Güter betrachtet werde, zu finden geglaubet hat, so ist daher dieses Wort durch **Prediger** übersetzet und das Buch selbst **der Prediger Salomo** genannt worden.

Bey dieser Uebersetzung des Worts hat man denn also sehr auf den Character mit gesehen, in welchem man den zu erblicken glaubte, der sich Koheleth nennet. Diesen Weg befolge auch ich hier, wenn ich es wage ihn durch **Forscher** a) auszudrücken. Diesen Character legt er sich we‑

nigstens

---

a) Diesen Ausdruck braucht freylich schon Herr HR. Eichhorn, Einleitung ins A. T. B. 3. S. 574. als Ueberschrift der Reden, die derselbe als Reden des forschenden Königs ansiehet — indeß weis ich deswegen doch noch nicht, ob Er und andere competente Richter es billigen werden, daß ich diesen Ausdruck allenthalben statt des Koheleth, und als eine Uebersetzung dieses Wortes brauche.

Einleitung.

nigstens bald von Anfang mit besondern Nachdruck und in der Folge fast allenthalben bey — er, der alles will gesehen, beachtet, erforschet haben. Er ist also sehr paßlich für ihn: Und vielleicht auch deswegen nicht unschicklich, weil, wenn man bey diesem Buche, mit neuern Erklärern desselben, an die gelehrten Unterredungen der Morgenländer denkt, zu welchen sie gerne zusammen kommen, er auch für den nicht unpaßlich seyn wird, der diese Unterredung durch einen Vortrag eröfnet, durch den er die Materie herzu führet, über welche nun dieses mal eben gesprochen wird. In einem solchen Vortrage vertheidigt er, der Natur der Sache nach, seine Idee von derselben und wird gern sich zur Empfelung derselben, wenn er nicht, wie Eliphas Hiob 4, 12 ff. sich auf Offenbarungen berufen kann oder will, als einen solchen ankündigen, der viel darüber gedacht, tief nachgeforschet hat, und in den Zusammenhang, in welchem wir sie hier finden, schicket sich also diese Benennung des Redenden im Deutschen sehr gut.

Eine hier nicht mit Stillschweigen zu übergehende Frage ist nun aber die: Wer der Verfasser dieses Buches sey? — Nur ists übel, daß auf selbige wohl eine verneinende,

aber

aber schwerlich eine behauptende Antwort ertheilet werden kann — Die verneinende ist diese: Schwerlich ist Salomo der Verfasser dieses Buches. Er gilt zwar ziemlich allgemein dafür und wie es scheinen könnte, aus einem ganz unwiderleglichen Grunde, nemlich diesem: Das Buch fängt sich ja mit den Worten: So redete der Forscher, Davids Sohn, König in Jerusalem, an. Wer kann also anders dieser Forscher seyn, als Salomo, er, der einzige unter den Söhnen Davids, der nach ihm seinen Thron bestiegen hat. Allein, so unwiderleglich auch jene Bemerkung ist, die der Augenschein rechtfertiget, so unsicher bleibet doch noch die Folge, die hier aus derselben hergeleitet wird. Es bleibt ja noch immer möglich, daß ein anderer Schriftsteller Gedanken niedergeschrieben habe, die er für gut fand einem andern, dieser dem Salomo, in den Mund zu legen. Betrug würde dieses eben so wenig seyn, als, wenn in Fabeln und Erzälungen wol gar unvernünftigen ja! leblosen Geschöpfen Worte so zugeschrieben werden, als wären sie von ihnen ausgesprochen worden. Gesetzt, er hätte wollen Lehren und Ermanungen, die er vorzutragen Veranlassung fand, eine Wichtigkeit geben und
ihnen

Einleitung.

ihnen einen Eindruck, den sie, als Worte eines unbekannten, oder doch weniger berühmten Mannes, nicht erwarten konnten, verschaffen. Er hätte diesen ihnen dadurch verschaffen wollen, daß er sie, als von einem wegen seiner Weisheit berühmten Manne gesprochen, dem Publicum übergab: Wer würde darin einen Betrug finden können? Ist aber dieses ein, an sich betrachtet, so unschuldiges Verfaren, so kann die etwanige Beobachtung desselben in diesem Buche, seinem Ansehen, als eines canonischen der Bibel, keinesweges zum Nachtheil gereichen, keinesweges einen Fleck auf selbiges werfen, der es dieses Platzes, den es vor und nach den Jesu behauptet hat, unwürdig erklärte.

Aber was hat man denn für Gründe, den klaren Anfangsworten entgegen, das Buch dem Salomo abzusprechen? Dieser sind mehrere anzugeben. Schon in den Ausdrücken, in der Sprache dieses Buches finden die Kenner des Hebräischen Gründe dafür. Allein diese sind nicht für die Leser, für welche dieses geschrieben wird. b). Es sind aber andere zur Hand, die sich auch für diese passen.   Salomo,

b) Wer sie zu lesen wünschet findet sie in Eichhorns Einl. ins A. T. B. 3. S. 561 : 563.

Salomo, der König, redet verschiedentlich von der Grösse, in der er sich gezeiget, von dem Reichthum, den er besessen, mit dem Zusatze: **Mehr, als alle, die vor mir in Jerusalem gewesen sind,** Cap. 1, 16. 2, 9. — Nun war aber nur Ein König vor ihm in Jerusalem gewesen, sein Vater David: Denn erst dieser hatte es den Jebusitern entrissen. Würde nun das wol in dem eignen Munde dieses Königs ein schicklicher Ausdruck gewesen seyn, um das Ausserordentliche seiner eigenen Grösse und Herrlichkeit zu beschreiben? Ein einziger jüdischer König war erst vor ihm in Jerusalem gewesen! — Mit Privatpersonen wollte er sich doch wol nicht vergleichen? — Denn von einem Könige würde es doch wol nicht viel gerühmt gewesen seyn, wenn er bemerket hätte, er sey grösser, glänzender gewesen, als je ein Bürger seiner Residenz gewesen war. Wollte man auch sagen, er habe auch auf die von David überwundenen jebusitischen Könige mit gesehen, so erscheinen diese, wie alle die vielen Könige, die die Israeliten in dem kleinen Lande, das sie einnahmen, antrafen, nirgend in einem Glanze, mit dem Salomo, der glänzendste unter allen Königen des Morgenlandes, den seinigen hätte ver-

vergleichen können. — Salomo selbſt, hätte er dieſes Buch geſchrieben, würde alſo gewiß jenen Ausdruck nicht gebrauchet haben: Aber, wenn ein lange nach ihm lebender Schriftſteller gut fand ſeine eignen Gedanken und Worte, als von dieſem Könige geſprochen, darzuſtellen; dann konnte eher dieſer jenes überſehen und hinge‍riſſen von dem Auſſerordentlichen, was der Aus‍druck zu bezeichnen ſchien, ihn ſo von ſich reden laſſen.

Der äuſſerſt unzufrieden über ſeine Lage Cap. 2. redende Salomo iſt es von V. 12 an darüber am meiſten, daß er die groſſen Werke, die er während ſeiner Regierung vollendet hatte, einem andern, der nach ihm ſeinen Thron beſtei‍gen würde, hinterlaſſen müſſe. — Und dieſer Salomo, der ſo ſprach, hatte Kinder, wenig‍ſtens doch einen Sohn, den Rehabeam. Iſt das ein Gedanke, denkbar in der Seele eines Vaters, der nicht unbeerbt iſt? — Für wen ſammlet denn mein Vater, der nicht durch den lächerlichſten Geiz alles Gebrauchs ſeiner Ver‍nunft beraubet iſt? Für wen bauet er? Für wen verbeſſert er ſein Eigenthum, es mag nun ein Königreich, oder ein Rittergut, ein Bauerhof, oder eine Hütte ſeyn? Thut ers nicht für ſeine Kinder?

Kinder? Und Salomo, der nicht ohne Leibes-Erben ist, soll so gedacht haben? Ist das wahrscheinlich? — Und wie redet er von diesem seinem Nachfolger? Bald, als wenn er ihn gar nicht recht kennete, bald, als wenn er von seiner Unfähigkeit fast gewiß wäre. Es ist wahr, der Erfolg rechtfertiget Letzteres: Rehabeam bewies sich als einen unwürdigen Erben des Throns eines Salomo. Allein sollte der Vater das so sicher vorher geahndet! sollte nicht die väterliche Liebe zu diesem einzigen Sohn und Erben so grosser Güter, als Salomo ihn hinterließ, einen Schleyer über seine Augen geworfen, und den Vater gehindert haben so ganz den Schwächling in ihm zu erblicken? — Aber auch angenommen Salomo sahe alles das vorher: Erlaubte auch da die Politic eines Königlichen Vaters den Sohn, der ihm folgen muste, schon bey seinen Lebzeiten dem Publicum in einem so nachtheiligen Lichte zu zeigen? — Denn eine zur Belehrung seiner Unterthanen bestimmte Schrift konnte er doch nicht in seinem Cabinette vermodern lassen. Erlaubte sie es ihm, denen, die er beherrschen sollte, noch ehe er dazu gelangete, alles Vertrauen zu ihm zu benehmen? Nein! der wahre Salomo, der würkliche König in Jerusalem,

Einleitnng.

lem, der leibliche Vater Rehabeams, der konnte das nicht schreiben ohne, mit aller väterlichen Empfindung, zugleich die gemeineste Klugheit eines Regenten zu verleugnen. — Aber wohl konnte ein jüdischer Patriot, der vielleicht lange nach ihm lebte, dies in eine Rede einfliessen lassen, die er dem Salomo in den Mund legte. Die Unbesonnenheit Rehabeams 1 B. d. K. 12, 1 — 14., das nachmalige Elend des Volks, das er regierte, welches durch diese gegründet war, der schon unter ihm eingetretene Verfall aller Herrlichkeiten, die sein Vater hinterlassen hatte: Alles dieses schwebte ihm aus der Geschichte seines Volks vor Augen! Sein Patriotismus erbitterte ihn gegen diesen unwürdigen Nachfolger Salomo's! Und dieser Verdruß ging durch die Feder, die er führte, in die Rede über, die er hier ausarbeitete, um sie dem Salomo in den Mund zu legen!

Wenn in einem Buche von einer der ganzen Menschheit wichtige Sache solche Vorstellungen gefunden werden, von welchen bewiesen werden kann, daß sie vor und auch lange nach einer gewissen Zeit unter den Menschen nicht vorhanden gewesen seyn, so kann man mit vieler Zuversicht schliessen, daß es erst nach derselben in einer Zeit, in

der

der man diese Vorstellungen von derselben auch anderwärts findet, geschrieben seyn müsse. Wenden wir dies, in Rücksicht auf das was den Zustand der Menschheit nach dem Tode betrift, auf dieses Buch an, so berechtiget uns sein Inhalt zu schliessen, es sey lange, sehr lange nach Salomo's Zeit verfertiget. Wenn David sagt: Pf. 6, 6: Im Todtenreiche preiset man dich nicht, in der Gruft — wer danket dir da? ferner: Pf. 30, 10. Kann Staub dich verherrlichen? Kann er deine Treue verkünden? wenn es Pf. 88, 11—13 heißt: Werden Abgeschiedene aufstehn und dich verherrlichen? Wird man im Grabe deine Güte, deine Treue in der Verwesung preifen? Verkündet man in der Finsterniß deine Wunder? Deine Gerechtigkeit im Lande der Vergessenheit? und Pf. 115, 17. Todte werden Jehoven nicht loben, nicht die, die hinabfaren ins stille Land — und wenn noch ein Hiskias Jes. 38, 18 spricht: In der Unterwelt preiset man dich nicht, im Todtenreiche erschallet dein Lob nicht: Muß man den nicht schliessen, daß vor Salomo's Zeit die Vorstellungen, auch

der

der einsichtsvollsten Männer von dem Zustande nach dem Tode, sie wenig von einer alsdann zu erwartenden Zeit der Vergeltung habe ahnden lassen? Und wenn auch so lange nach ihm ein Hiskias noch eben so redet, wie uns Jesaias berichtet, muß man da nicht schliessen, daß die Fürsehung weder durch ihn, noch durch andere Männer, bis wenigstens zu den Zeiten dieses letztgenannten Königs herab, nähere Belehrung hierüber der Menschheit gegeben habe. Nun vergleiche man aber hiemit was wir in diesem Buche Cap. 8, 12 lesen. In dem Abschnitte, wozu diese Stelle gehöret, führet der hier Redende den Satz aus: Unter der Sonne siehet man in ihren Schicksalen keinen Unterschied zwischen Guten und Schlechten. Wenn er nun unter dieser Behauptung, um aller Mißdeutung derselben vorzubeugen sagt: **Das weis ich wohl, daß es (am Ende) denen die Gott verehren, die seine Gegenwart scheuen, wohl gehen werde:** Muß man denn nicht annehmen, er erwarte, was er auf der Erde vermisset, nach dem Tode? muß man nicht daraus, daß er einer Mißdeutung des von ihm Gesagten entgegen arbeitet, schliessen, daß diese Erwartung zu der Zeit, da dies geschrieben wurde,

wurde, schon ziemlich allgemein geworden seyn möge? — Wird man aber denn nicht gezwungen zu schliessen, daß man, als dieses Buch geschrieben wurde, in den Vorstellungen von dem was nach dem Tode mit uns vorgehen wird, schon unsern Begriffen davon viel näher gerücket sey, als man vor, in und auch nach Jahrhunderte nach Salomo's Tode denselben gekommen war? daß man in der Zeit, in welcher sein Verfasser lebte, schon die Lehre gekannt, die z. E. B. d. Weish. 3, 1. vorgetragen wird. **Der Gerechten Seelen sind in Gottes Hand und keine Quaal rühret sie an?** daß man schon damals des nach dem Tode erwartet habe, was in eben diesem Buche Cap. 4, 7 bis Cap. 4, Ende, so umständlich vorgetragen wird? Ist aber das, wird man dann nicht gezwungen hieraus zu folgern, daß nicht Salomo, sondern ein viel späterer Schriftsteller Verfasser dieses Buches seyn müsse? Wer er aber sey? wann er gelebet? Diese Fragen lassen sich nicht genau nicht auch nur mit einiger Zuverläßigkeit beantworten.

Kennen wir indeß gleich ihren Verfasser nicht, so haben wir doch von ihm hier eine Schrift, welche ihr lehrreicher Inhalt gewiß des

Platzes,

Platzes, an dem wir sie finden, würdig und seinem Herzen alle Ehre macht, die aber auch, wie es mir vorkömmt, durch die Art ihrer Einrichtung seinem Geiste nicht weniger Ehre bringet. Ihre Bestimmung ist zweifelsohne: **Rechtfertigung der Göttlichen Weltregierung gegen derselben von selbstsüchtigen, überklugen und hiedurch unzufriednen Menschen gemachte Vorwürfe.** Und sie enthält diese zu führen, 1) einige sehr richtige Erfarungs-Axiome — 2) daraus hergeleitete geistreiche Bemerkungen, 3) sehr wichtige Lebens-Lehren und endlich 4) noch gegen das Ende einige bemerkenswerthe Klugheits-Regeln.

Von Erfarungs-Axiomen finde ich folgende in dieser Schrift: **Auch die vollständigste Vereinigung alles des, was wir zum Glück des Lebens zu rechnen pflegen, bey einer Person ist doch noch nicht im Stande derselben Zufriedenheit, mithin vollkommenes Glück zu versichern:** Dies lehret das Exempel des Forschers, der selbst gestehet alles jenes besessen zu haben und doch sich sehr unglücklich fühlet. — **Wer das Gute des Lebens allzureichlich genießet,**

nieſſet, der ziehet ſich, eben durch dieſen überreichen Genuß, jenen Zuſtand der Unbehaglichkeit zu. Jenes war der Fall Salomo's und dies die Folge davon für ſeine ſpätern Lebenstage. — Dieſer Zuſtand der alſo erzeugten Unbehaglichkeit machet den Menſchen, zum Tadler der Natur und der göttlichen Weltregierung: Dies lehret die Schilderung, welche hier von den Geſinnungen des überglücklichen Königes gemacht wird. — Wenn ein ſolcher ſich dieſem Tadel preis giebt, ſo verleitet ihn derſelbe zu den ungeziemendſten Urtheilen über Gott, Natur und Fürſehung: Dies zeigen die Reden, welche wir hier von ihm leſen — Aber ſo ungeziemend dieſer Tadel iſt, eben ſo ungegründet iſt er auch. Dieſes finde ich am Ende als die Hauptlehre, welche in dieſem Buche vorgetragen wird.

Auf dieſe Axiome haben folgende in dieſer Schrift vorgetragene Bemerkungen Bezug. Das Uebel in der Welt iſt bey weitem ſo groß, ſo allgemein nicht, als es dem Unzufriedenen ſcheinet: Cap. 5, 7. 8.

Uner-

Unerſättlichkeit der Menſchen bereitet ihnen die an ſich ſelbſt vermeid-
lichſten. V. 9—11. — Der Menſch ſelbſt
iſt kein competenter Richter über das,
was ihm nützlich ſey Cap. 7, 1. 2. —
Auch Widerwärtigkeiten ſind ihm
heilſam, ſie veradeln ihn und ſollten
daher nicht ſeinen Unwillen erregen
V. 3—11. — Der ſicherſte Weg zur
Zufriedenheit wäre, ſeine Wünſche
Gottes Willen unterwerfen, ſich in
gute und böſe Tage ſchicken und un-
unterbrochenes Glück nie erwarten
V. 12—15. — Religion ſtärket in Widerwärtigkeiten am kräftigſten, die
zu übernehmen niemand Recht hat
ſich zu weigern V. 19—21. — Der
Menſch iſt freylich nicht Herr ſeiner
Schickſale: Aber kluges Benehmen
kann vieles darin mildern Cap. 9, 11.—
Cap. 10, 4. — Die Geſchäfte des Lebens
führen manche Beſchwerden und Ge-
fahren mit ſich Cap. 10, 8. 9. und verkehrtes Benehmen erſchweret ſie V.
10—15. — Auch von dem zweckwidri-
gen Verhalten anderer kömmt manch

C Uebel

Uebel V. 16. 17. — Aber gegen die Folgen eigner Nachläſſigkeit kann kein Glück, kein Wohlſtand Sicherheit geben V. 18. 19.

Die Lebenslehren, welche der Verfaſſer ſeinen Leſern giebet ſind folgende: Ferne ſey von jedem alles vorſchnelle unbeſcheidene Urtheil über Gottes Regierung Cap. 4, 17 — Cap. 5, 6. dann Cap. 6, 10. 11. und Cap. 7, 17 — 22. — Der Menſch, der ſich ſchweigend einem Deſpoten, ſelbſt ſeinem Eigenſinne, unterwirft, ſollte dies viel williger den Rathſchlüſſen des Allweiſen und Allmächtigen thun Cap. 8, 1 — 8. — Wem Gott Lebens-Glück ſchenket, der genieſſe es dankbar: Aber in Trägheit und Unthätigkeit laſſe er ſich nicht dadurch einwiegen Cap. 9, 7 — 10. — Genuß der Jugendfreuden iſt unverwehrt: Aber Gottes eingedenk zu ſeyn muß man früh anfangen und es Zeitlebens bleiben. Cap. 11, 7. — Cap. 12, 7.

An Klugheits-Regeln enthält dieſe Schrift gegen das Ende folgende. Man ſey fürſichtig in ſeinen Urtheilen über Obere und

und Mächtige Cap. 10, 20. — Es ist vortheilhaft von seinem Vermögen auch in Handelsspeculationen zu wagen: Aber es muß mit Fürsicht geschehen; ungewarnt kömmt ein Unfall und der Schade, den er gethan, ist nachher nicht ungeschehen zu machen Cap. 11, 1—3. — Allzugroße Fürsicht tauget auch nicht V. 4—6.

Wir wenden uns nun zur Betrachtung der Oeconomie oder innern Einrichtung der Schrift, deren Inhalt hier ist aus einander gesetzet worden. Hievon ist nun aber schon oben bemerket, daß es von den ältesten Zeiten her für eine an einander hängende Abhandlung, insbesondere für eine Rede, oder Predigt, gehalten sey, die hauptsächlich die Nichtigkeit und Vergänglichkeit aller Güter und Freuden des Lebens zum Gegenstand habe. Allein diesem stehet in dem Buche selbst so vieles entgegen, daß schon ein um den Anfang dieses Jahrhunderts lebender gelehrter Untersucher desselben in Holland, le Clerc, eine Abwechselung in demselben redender Personen ahndete. Jedoch diese Idee wollte lange bey den Schriftforschern keinen Eingang finden und hat auch jetzt noch die meisten Stimmen derselben gegen sich. Indeß haben doch zwey grosse, noch lebende, Gelehrte dieselbe in Schutz genommen, nemlich Herr Herder Gen. Superintendent und Conf. Vice-Präsident in Weimar und Herr HR. Eichhorn in Göttingen. Und mich dünkt, der ganze Inhalt des Buchs unterstützet dieses ihr Urtheil so sehr und die Einwendungen dagegen haben so wenig auf sich, daß man fast gezwungen wird ihnen beyzustimmen, ja! fast verzweifeln muß mit diesem Buche fertig zu werden, wenn man sich nicht dazu entschliesset.

Es ist in die Augen leuchtend, daß zweyerley Arten des Vortrags in dem Buche angetroffen werden und ganz ordentlich mit einander abwechseln. Die eine — und dies diejenige, in welcher der Redende sich verschiedentlich für den Koheleth erkläret — ist sehr reich an Worten; In dem Schwall derselben verlieren sich fast die Gedanken, die darin vorgetragen werden; Sie scheinet die Art der Redseeligkeit eines Menschen zu seyn, der es fühlet er habe Unrecht, aber doch alles, was sich ihm darbietet, ergreift, um, wo nicht Recht, wenigstens doch das letzte Wort zu behalten: Der Inhalt dieser wortreichen Tiraden ist: Ich bin unzufrieden und habe

Recht

Einleitung.

Recht es zu seyn. — Zwischen dieser Gattung eines wortreichen Vortrags stösset man hin und wieder auf eine andre, dieser ganz entgegen gesetzte. Ist jene zu reich an Worten, so möchten wir wenigstens diese wohl zu kurz finden; Die Sachen, welche in dieser Art des Vortrags eingekleidet sind haben für uns etwas Dunkles, Räthselhaftes, das einem flüchtig Lesenden sich verbirgt, aber einem darüber nachdenkenden sich enthüllet. In jener Art des Vortrags sind der Sachen wenig, der Worte viel, hier ists umgekehrt, der Worte sind wenig aber von diesen hat fast jedes seinen Werth. Dabey zeiget sich, daß die Sachen, die Wahrheiten, die Lehren, welche in diesen enträthselten Worten enthalten sind, wenn man sie mit dem in jenem wortreichen Vortrage enthaltenen vergleichet, diesen fast allenthalben entgegen stehen, immer aber ihre sichere Beziehung auf selbige haben. Der wortkarge Vortrag thut sich auf diese seine Eigenschaft was zu Gute und tadelt jenen: Wie man im Traume, heißts in demselben, mit Geschäften überladen ist, so sind es die Reden des Nichtweisen mit Worten. So wird die in dem einen Vortrage gewählte Einkleidung in dem andern getadelt:

Und

Und wer fühlet nicht auch in den Sachen einen Widerspruch, wenn auf die Bemerkung Cap. 7, 16: **der Rechtschaffene gehet mit seiner Rechtschaffenheit zu Grunde und der Bösewicht kömmt empor mit seinen Unthaten,** gleich folget V. 17: **Sey nicht allzugerecht; übertreibe es nicht in der Weisheit! u. s. w.** Wollte man aber auch etwa denken dies sey nichts weiter, als ein bekannter Kunstgriff eines Redners der sich selbst Einwendungen macht um sie zu widerlegen, so kann doch wenigstens das niemand für einen solchen halten, wenn in dem wortkargen Vortrag der Wortreichthum des andern für etwas eines Weisen Unwürdiges erkläret wird.

Wie soll man nun aber von jener Erscheinung in der Einkleidung dieser Schrift einen Grund angeben, wenn es nicht folgender seyn soll? Der Verfasser derselben fingiret eine Unterredung, in der zwey Personen die Materie, welche abgehandelt werden soll, untersuchen. In dieser lässet er die eine, der die irrige Vorstellung zugetheilet worden, in einem wortreichen Vortrage declamiren, die andere aber ihr in kurzen, bündigen Aussprüchen antworten. Jene sollte nemlich gleich in ihrem Vortrage den
erſten

Einleitung. 39

ersten Lesern der Schrift, als ein Schwätzer, diese hingegen selbst in der Form ihrer Antworten ihnen, als ein Weiser, erscheinen, der's gewiß ist das Recht auf seiner Seite zu haben und in diesem sichern Gefühle nur kurze Abfertigung jener wortreichen Declamationen nöthig findet, um seinen Gegner zu widerlegen. Der morgenländische Weise redete nur in kurzen aber kräftigen Sprüchen, dergleichen wir im Buche Hiob und in den Sprüchen Salomon's finden, wenn er eine Materie abhandelte und man hielt es seiner unwürdig sich in weitschweifige Ausführungen derselben einzulassen: Wer nicht so sprach; wer, was er sagte, nicht in kurze sinnreiche Aussprüche einkleidete, der empörte schon dadurch den Geschmack seiner Leser oder Zuhörer gegen sich, machte sich ihnen verdächtig ein seichter Schwätzer zu seyn, Unrecht zu haben und bereitete sie dadurch vor dieses durch den Ausgang des Gesprächs bestätiget zu finden. Aus diesem Grunde läßt also der Verfasser den Forscher, dessen Behauptungen ohnedem größtentheils unhaltbar sind, in diesem Tone sprechen, seinen Gegner aber in dem eines ächten Weisen reden, damit jener seine ersten orientalischen Leser gleiches erwarten mache, das Unrecht

auf

auf seiner, das Recht auf seines Gegners Seite zu treffen.

Schon von den ältesten Zeiten her haben Juden und Christen c) sich gefunden, die, indem sie jene Verschiedenheit der sich unterredenden Personen nicht beachteten, gezweifelt haben, ob dieses Buch würdig sey unter den canonischen Büchern des A. T. zu stehen, weil sie Irrthümer und Widersprüche mit sich selbst darin anzutreffen glaubten. Und, wenn man diesen den Platz darunter, den es einmal hat, nicht nehmen konnte, ohne den ganzen Grund zu vernichten, auf welchem sein Recht dazu, zugleich mit dem der übrigen Bücher des A. T., sich stützte, wenn man also dadurch sich gedrungen fühlte es unter selbigen stehen zu lassen: So mußte man sich damit beruhigen, daß es doch am Ende auf Gottesfurcht und Tugend dringe und diese für den Kern und Mittelpunkt aller Weisheit erkläre, über die Schwierigkeiten aber, die sein Inhalt entgegensetzte, sich wegsetzen, ohne sie wegräumen zu können. Und in der That bleiben diese, wenn man diese Schrift für einen
einzelnen

c) Eichhorns Einl. ins A.T. B.3. S. 579. 580.

einzelnen zusammenhängenden Vortrag annimmt, unüberwindlich. Man stößet in den Reden, die sich der Forscher hin und wieder beyleget, alle Augenblicke auf Behauptungen, die man nicht rechtfertigen, nicht einmal entschuldigen kann; man liefet in den Theilen des Buches, die sich durch Weitschweifigkeit des Vortrages von andern unterscheiden, Ausdrücke über Natur, Gott und seine Weltregierung, die einen empören, wenn man dabey denkt man lese ein Buch der Bibel und den Leser, den Erklärer, den Uebersetzer verlegen machen müssen, so lange man es für eine Rede, oder andere in eins fortgehende Abhandlung nimmt. Aber diese Schwierigkeiten haben nichts auf sich so bald man — dem Winke gemäß, der uns die Verschiedenheit der Einkleidung des Vortrags in demselben, den uns der mit Verweisen durchwebte Widerspruch des in dem Stile eines orientalischen Weisen Redenden gegen den, als ein rechthaberischer Declamator, als ein soi-disant Philosoph neuerer Zeit, Sprechenden, giebet — eine Unterredung zweyer Personen darin findet, deren die eine behaupten will was sich nicht behaupten lässet, die andere ihr den Ungrund ihrer Behauptungen zu erweisen bemühet ist. Dann
haben

haben die Irrthümer der ersten nichts auf sich, an ihren unschicklichen Ausdrücken kann sich dann niemand mit Grund stoßen: Im Gegentheil! sie characterisiren alsdann den Mann, der sie vorträgt, reizen das Verlangen des Lesers nach der Antwort des Gegners, interessiren ihn für diesen — Kurz! sie sind dann eine Zierde des Buches und — statt ihm zum Vorwurfe zu gereichen — verherrlichen sie vielmehr die Geschicklichkeit des Verfassers in der Behandlung seines Süjets.

Wenn denn nun aber so vieles dafür spricht, daß das Buch, der Prediger Salomo, eine Unterredung zwoer mit einander disputirenden Personen sey, so frägt sich: Was für Gründe haben denn so viele denkende Männer so lange abgehalten dieses anzuerkennen und sich dadurch das Verstehen desselben zu erleichtern? — Der erste Grund ist der gänzliche Mangel einer Anzeige in diesem Buche, wodurch der Leser von einer solchen Einrichtung desselben benachrichtiget würde, die doch in einem andern auf diese Art eingerichteten Buche, dem Buche Hiob, so deutlich geschehen ist. Die Sache an sich hat ihre Richtigkeit; man suchet die Spur einer solchen Anzeige in diesem Buche, so wie wir es jetzt haben, ja! wie

Einleitung.

wie es auch die ältesten Ueberſetzer deſſelben gehabt haben, vergebens. Allein, wenn denn doch ſo vieles für dieſe Einrichtung ſpricht, ſollte man da nicht eher ſchlieſſen, entweder dieſe Anzeige ſey bey der Herausgabe dieſes Buchs auf eine oder die andere Art geſchehen, aber bald verloren gegangen, oder der Verfaſſer habe ſie wenigſtens durch die Art, wie er ſein Buch ſchrieb, etwa durch Abſätze, die er darin machte, die aber beym Abſchreiben nicht beobachtet wurden, ſtillſchweigend gegeben: Solte man, ſage ich, nicht eher dies oder dergleichen etwas ſchlieſſen, als durch dieſen Mangel, ſo alt er auch ſeyn mag, ſich abhalten laſſen, jene Einrichtung des Buchs, ohne die es ſo ſchwer, mit der es ſo leicht zu verſtehen iſt, für die wahre anzuerkennen?

Aber es giebt noch eine Schwierigkeit, welche der Annahme jener Einrichtung des Buchs entgegen ſtehen ſoll und die man für noch gröſſer achtet, als jene. Sie iſt dieſe: Geſetzt der Verfaſſer hätte ihm dieſe Einrichtung gegeben, iſt es dann wahrſcheinlich, daß er dem Salomo, dem weiſen Salomo, dem Salomo, den die Bibel für einen König erkläret, der ſeines Gleichen an Weisheit nicht habe, die Rolle, welche

er

er denn darin spielen würde, eine Rolle, die seiner so hoch gerühmten Weisheit so wenig Ehre machen würde, sollte aufgetragen haben? Und — hätte er es gethan, würde er im Stande gewesen seyn, dies sein Unternehmen gegen das Andenken dieses Salomo zu verantworten?

Was zuerst diese lezte Frage anlanget, so dünkt mich Spuren zu finden, daß er hievon etwas gefühlet, aber auch zu bemerken, daß er sich gegen diesen Tadel verwahret und zu dem Zwecke dem Andenken Salomo's, zur Genugthuung dafür eine glänzende Ehrenerklärung in seinem Buche gewidmet habe. Doch dies wird sich erst dann zeigen, wenn wir zur nähern Ansicht des detaillirten Plans dieses Buches kommen. Bis dahin bleibt also die Untersuchung dieses Theils jenes Einwurfs ausgesetzt.

Hier frägt sich's denn nun: Konnte der Verfasser den Salomo, diesen wegen seiner grossen Weisheit so berühmten König seiner Nation, so reden lassen, wie er hier redet, ohne alles Gefühl seiner Zeitgenossen und der seine Schrift noch lesenden Nachwelt gegen die Unschicklichkeit seines Verfarens zu empören? Und diese Frage glaube ich ohne Bedenken bejahen zu können!

Einleitung.

Bey allem Ruhm, den die Geschichte von Salomo's Weisheit macht, lehret sie ihn uns doch nicht sein ganzes Leben durch als den **practischen Weisen** kennen, den man jenem zufolge in ihm erwarten möchte. Dieses war er doch wol nicht, als er nach 1 B. d. K. 11, 4—8 von dem Frauenzimmer seines Hofes oder Harems sich verleiten ließ durch Abgötterey sich des gröbsten Widerspruchs gegen die Lehren der Vernunft eines in der Verehrung des wahren Gottes erzogenen Philosophen schuldig zu machen. In dieser Periode seines Lebens muß doch wol jeder Leser seiner Geschichte über ihn den Kopf schütteln und ihn einer practischen Verleugnung seiner so hoch gerühmten Weisheit zeihen. War aber dann der Verfasser dieses Buchs nicht befugt ihn sich in dieser so redend zu denken, als er ihn hier reden lässet? Und konnte er nicht mit Fug und Recht voraussetzen, daß, wer es fühlen mochte des **weisen Salomo** seyn solche Reden unwürdig, dabey denken würde: hier redet nicht **der weise**, sondern **der in seinen höhern Jahren schwach und, in dieser seiner Schwachheit den Verführungen seiner Weiber zum Raub gewordene Salomo?** Wer dieses erwägt, der kann, dünkt mich, auf keine Art die ihm hier zugetheilte Rolle

Rolle für Salomo, so wie wir ihn ganz kennen, unschicklich finden. Ja! es ist vielleicht gar wahrscheinlich, daß dieser Salomo würklich gerade in die Stimmung, in der wir ihn hier erblicken gerathen und, eben durch sie schwach, ein Raub jener Verführung geworden sey. Salomo hatte, man möchte sagen, zu viel Glück des Lebens. Von seinen Jünglingsjahren an ein mächtiger König, in einer ruhigen, lange, durch keine Unannehmlichkeiten gestöreten Regierung, im Besitz bis dahin unerhörter Reichthümer, denen glückliche Handelsconjuncturen immer neuen Zufluß verschaffeten — welcher Wunsch blieb ihm übrig? welcher Genuß war ihm unzugänglich? — Und er benutzte gewiß seine Lage um zu geniessen, er versagte sich keinen der sich ihm darbot. Was war davon anders, als Uebersättigung zu erwarten? Dieser Zustand aber machte ihm natürlich alles zuwider, was er hatte und reizte ihn neue bisher noch nicht gehabte Genüsse zu suchen: Aber woher sollten die kommen, nachdem er alle gehabt hatte, die das Leben reichen kann? Hieraus entstand in dem verwöhnten Könige eine Unbehaglichkeit, die lästig wurde, gegen welche ihm vielleicht galante Abgötterinnen, als ein Mittel ihr abzuhelfen, ihren

ihren Götzendienst empfolen und so ihn hingerissen Theil daran zu nehmen. Aber auch hier fand er keine ihm neue Genüsse. Seine Unbehaglichkeit blieb also und Scham über die Thorheit, deren er, der selbst fast vergötterte Weise sich schuldig gemacht hatte, kam noch hinzu. Muste ihn da nicht völlige Unzufriedenheit befallen? ihm desto drückender ~~seyn~~, je weniger er bisher eines nur unbehaglichen Zustandes gewohnt worden war! — Wenn nun aber er sich bisher es zu seinem Geschäfte gemacht hatte alles, was ihm aufstieß, zu ergründen — was war anders zu erwarten, als daß er das auch über diesen Zustand versuchte? — In sich selbst hätte er den Grund nun freylich suchen sollen: Aber das hinderte die Eigenliebe, die bey ihm nicht weniger, als jede andere Leidenschaft, so reiche Genüsse gefunden hatte. Also ausser sich muste er sie suchen: Und da war nun die Einrichtung der Natur, da waren die Schicksale des menschlichen Lebens dasjenige, worin sein Spleen sie zu finden rathsam erachtete. Wer dieses erwäget, der muß dünkt mich urtheilen, daß die Rolle, welche hier dem Salomo zugetheilet worden, so wenig etwas Anstössiges an sich habe, daß man vielmehr in Versuchung gerathen könnte,

könnte, den Blick des Schriftstellers zu bewundern, der sie ihm übertrug. Allein einen Lehrer und Schüler muß man sich allerdings hier nicht denken. Das ist ja aber nicht nöthig, da man sich eben so gut zwey Weise in Unterredung denken kann, die sich über die Vermischung des Guten mit dem Uebel in der Welt, nur der eine kaltblütig und gleichmüthig, der andere in einer ihn beherrschenden übelen Laune mit einander unterhalten.

Aber, könnte man noch vielleicht sagen: Wie unwahrscheinlich ist ein solch Gespräch, als wir hier lesen, zwischen einem asiatischen Despoten, mit den von innen und auffen exaltirtesten Begriffen von seiner Weisheit, und einem andern seiner Zeitgenossen? Ins Reich der Todten hätte der Verfasser das Gespräch versetzen sollen um ihm Wahrscheinlichkeit, mithin auch von dieser Seite Schicklichkeit, zu verschaffen! — Dies hätte er nun freylich thun können und würde es vielleicht auch gethan haben, wenn diese Gespräche damals schon erfunden gewesen wären. Indeß dünkt mich doch unter den israelitischen Königen eine Gattung Menschen zu finden, in Ansehung deren man wol nicht Ursache hat zu zweifeln, daß auch ein solcher Widerspruch gegen ihren

ihren eigenen König sehr denkbar sey. Was ein Prophet seinem Könige sagen durfte, davon haben wir ~~uns~~ aus der Regierung Davids, eines gewiß nicht schwachen Königs, an Nathan 2 Sam. 12, 1 — 12 und an Gad Cap. 24, 11 Proben. Einem Mann dieses Standes konnte, glaube ich, ein Israelit sehr füglich beydes Muth und Befugniß zutrauen, so wie hier geschiehet, dem Salomo zu antworten. Es ist daher wenigstens möglich, daß der Verfasser sich einen solchen in der Person des dem Salomo antwortenden gedacht habe: Und dieses ist es, was mich bestimmte, so wie die Reden Salomo's mit, der Forscher, überschrieben waren, also die Reden des, der ihn widerleget, der Prophet, zu überschreiben.

Nun wird es aber auch Zeit meinen Lesern den Plan darzulegen, den ich in dieser Schrift zu finden glaube. — Sie zerfällt, meiner Einsicht nach, in zwey, ihrer Grösse nach, sehr von einander verschiedene Stücke. Das erste gehet von Cap. 1, 1. bis Cap. 12, 7. In diesem halten zwo redend eingeführte Personen ein Gespräch mit einander. Erst tritt Salomo, unter dem Namen Koheleth — hier, der Forscher — auf, und äussert in einer sehr langen Declamation

tion die gröſſeſte Unzufriedenheit — mit der Natur, mit seiner eigenen Lage und mit der Lage der Menschheit überhaupt — Hier ist ihm nichts zu Danke, der Mensch der Welt, so wie sich selbst nichts werth. Gott drückt ihn nieder; er kann nichts muß aus und mit sich machen lassen, was Gott will und das Einzige, das ihm gestattet wird, ist, sich selbst und anderen das Leben zu verbittern; auch der Vorzüglichste hat für sich selbst nichts von seinen Vorzügen, nicht mal Sicherheit des Andenkens an das Grosse, was er that, bey der Nachwelt. Dann nimmt ein anderer das Wort, verweiset ihm sein weitläuftiges nichtssagendes Geschwätz, besonders seine respectwidrigen Ausdrücke über Gott und zeigt ihm an einigen seiner Vorwürfe die Nichtigkeit derselben. So wechseln die Reden dieser Beyden in der Folge stets mit einander ab. Der eine tadelt immer in vielen keine Dunkelheit habenden Worten, der andere weiset ihn in kurzen sinnreich vorgetragenen Sätzen zurechte. Indeß legt sich nach einigen erhaltenen zum Theil verweisenden Antworten die Heftigkeit des Forschers allmählig, er nähert sich seinem Gegner immer mehr. Der erste Schritt dazu ist, daß er, Cap. 8, 9. bis Cap. 9, 1—6, nicht mehr

Einleitung.

so richterlich wie vorher über Gottes Fürsehung abspricht, sondern nun anfängt nur über die Unerforschlichkeit seiner Wege zu klagen; nach einer neuen, V. 7 — 10, erhaltenen Antwort fängt er an zu ahnden, V. 11 — 18, daß doch wol die Menschen selbst viele Uebel durch klügeres Benehmen von sich entfernen könnten, also an denen, die sie drückten, doch wol mehr Schuld haben möchten, als Gott und seine Fürsehung; ja! in der letzten ihm in den Mund gelegten kurzen Aeusserung, Cap. 10, 5. 6. 7. legt er, der anfangs alles Uebel auf Gott schob, das Gebrechen, das er rüget, geradezu dem verkehrten Benehmen der Menschen zur Last — Und eben in diesem Ausgang, den der Verfasser diese Unterredung nehmen lässet, in dieser Aenderung der anfänglichen Urtheile des Forschers über die Quellen des Uebels im menschlichen Leben, finde ich den Beweis des Satzes, daß Tadel Gottes über dasselbe eben sowol **ungegründet als unbefugt** sey — Nun redet der Gegner des Forschers zuletzt noch einmal. In kurzen sinnreichen Sätzen zeiget dieser, warum manches in der Welt den menschlichen Wünschen weniger entspreche; das V. 8 — 19 die Geschäfte des Lebens sind zum Theil ihrer Natur nach mit

Einleitung.

Beschwerden, auch Gefaren, verbunden V. 8. 9. oft läst auch der Mensch die bereitesten Mittel sich seine Arbeit zu erleichtern ungenützt V. 10 thut, was er noch thut, manchmal zu spät, V. 11. oft hat der Mensch auch seinen Verstand nicht genug gebildet, V. 12—15. auch erfüllt nicht jeder treu und gewissenhaft die Pflichten, welche Amt und Beruf ihm zum Besten der Menschheit auflegten, V. 16. 17. und mancher überläst sich auch so ganz seinem Vergnügen, daß er alles andre darüber vernachläßiget, V. 18. 19 — Von hieran verliert der bisherige Gegner und Belehrer des Forschers, meines Erachtens, seinen königlichen und gewiß nicht mehr jugendlichen Gegner ganz aus den Augen, indem er bis ans Ende dieses ersten Stücks für Privatpersonen brauchbare Klugheitsregeln und am Schlusse eine Ermahnung zum frühen Anfang eines gottseeligen Lebens hinzufüget, welches denn freylich mit dem Vorherigen nur in so ferne in Verbindung stehet, als es eine Anweisung enthält, wie man sich für Verdruß, Schaden, besonders aber für den Folgen einer frühen Lasterhaftigkeit, bewahren könne.

Die wenigen Verse, die nun noch übrig sind, Cap. 12, 8—14, scheinen mir ein Epilog,

Einleitung.

log, eine Schluß=Rede, des Verfassers zu seyn, in welcher er hauptsächlich den Zweck hat, Salomo, den er bisher in einem so nachtheiligen Lichte dargestellet hat, Genugthuung dafür zu geben. Er thut dieses so, daß er andeutet, das bisher Bestrittene sey zwar, als ein Ausspruch Salomo's, angegeben worden und freylich grundlos; Aber des ungeachtet bleibe derselbe doch ein Weiser. Dies zu bestätigen berufet er sich nun auf das Buch von ihm, genannt Sprüchwörter, und rühmet die darin enthaltenen Sentenzen als fürtrefliche und zugleich schön eingekleidete Tugendsprüche, ja! er behauptet, diese seyn so inhaltreich, daß der Lehrling der Weisheit und Tugend in ihnen alles antreffe, was ihm wichtig sey und daher bey Kentniß derselben des Lesens so vieler andern Bücher bequem enthoben seyn könne.

Nach dieser dem Salomo gewidmeten Ehrenerklärung und Lobpreisung seiner Weisheit schliesset er nun das ganze Buch mit einem moralischen Epiphonem. In diesem erkläret er Ehrfurcht vor Gott und Gehorsam gegen seine Vorschriften für das Wesen der Weisheit und Tugend und empfielet beyde seinen Lesern durch die Bemerkung, daß Gott alles hie ver=
kannte

kannte Gute, so wie alles hie verborgen geblieben Böse, ans Licht bringen werde.

Dies wäre denn also der Inhalt, so wie die Einkleidung des Buches der Bibel A. T. das hier folgt, mit welchen ich diejenigen Leser, für die es ans Licht tritt, im Voraus glaubte bekannt machen zu müssen. Wer den Stoff dieses Buches so findet, wie er oben S. J-K., angegeben ist, der wird nicht zweifeln, daß derselbe wichtig sey und es des Platzes, den es unter den biblischen Büchern einnimt, vollkommen würdig achten. Aber auch selbst die Geschicklichkeit des Verfassers in Behandlung seines Süjets fordert für ihn, dünkt mich, Lob: Und ich weis nicht, ob man mit Fug seine Schrift ganz unwerth erkennen könne, dem Phädon des Plato an die Seite gestellet zu werden: Vorausgesetzt, daß man gegen ihn billig genug sey, das mit in Anschlag zu bringen, was der Geschmack eines Schriftstellers aus einer Nation, die den unsrigen gebildet hat, eben deswegen mit lezterem mehr Harmonirendes haben muß, als der Geschmack eines andern mit demselben haben kann, der aus einem Volke war und zunächst für ein Volk schrieb, welches von uns

uns durch Lage, Sitten, Denkungsart so weit entfernt ist und dessen Geschmack daher auch von dem unsrigen durchaus sehr verschieden seyn muß. Vorzüglich scheint mir der Verfasser Stärke in der Darstellung eines Mannes von Geist gezeiget zu haben, der Etwas, seinen eigenen Empfindungen nach, unhaltbares behaupten will und daher unter einer Menge von Worten und eingestreuten unleugbaren, aber hier fremdartigen Behauptungen die Unhaltbarkeit der seinigen zu verstecken suchet — eine Bemerkung, die sich verschiedentlich, besonders aber da, aufdringet, wo er, Cap. 4, 9 — 12., eine nur gelegentlich vorkommende Materie, die Vortheile der Gesellschaft, mit so vielem hier überflüssigen Worten schildert und, sogar, wenn ich nicht irre, selbst einen Anstrich von Lächerlichkeit in diese Schilderung mischet; Gerade so, wie in einer solchen Lage der Vortrag dessen, was man à tout prix behaupten will, auszufallen pfleget. So wie es, dünkt mich, überhaupt

auffal-

auffallend ist, wie ähnlich den Urtheilen neuerer Unzufriedenen, wenn sie Gott, seine Welt und seine Fürsehung tadeln, die sind, die wir, als Urtheile ihrer Vorweser vor mehr, als ein Paar tausend Jahren, die der Verfasser doch wol vor Augen hatte und hier dem Salomo in den Mund leget, hier antreffen: Urtheile einander so ähnlich, daß diese besonders geschickt scheinen den Satz des Forschers zu behaupten: **Es geschiehet nichts Neues unter der Sonne!**

Der Prediger Salomo.

So redete der Forscher, Davids Sohn, König in Jerusalem. — O! trauriges Nichts! sprach

C. I.

Der Forscher,

o! beklagenswürdiger Unwerth aller Dinge! — Was hat der Mensch von aller Arbeit seines Lebens! —

Menschen treten auf und treten ab und die Erde bleibt immer dieselbe. Die Sonne gehet auf, sie gehet unter und eilet keuchend dem Fleck wieder zu, an welchem sie aufgegangen ist. Der Wind wehet aus Süden — er springt hinüber nach Norden — er gehet alle Striche durch und — kömmt immer wieder dahin, wo er vor war. Unaufhörlich schütten die Ströme ihr Wasser ins Meer aus und doch bleibt das Meer immer dasselbe — und sie diese Ströme? den Lauf, den sie einmal genommen haben, den nehmen sie immer und ewig. Ein unaussprechlich ermüdendes Ei‍nerley an dem sich das Auge, wie das Ohr er‍müdet

müdet ohne Befriedigung zu finden! —— Was ist, was in der Vorzeit war? Eben das, was die Folge wieder darstellet. Was ist das, was die Kunst bildet? Nichts anders, als, was sie in Zukunft wieder bilden wird. — Unter der Sonne kömmt nichts Neues zum Vorschein: Zeiget sich auch einmal was, bey dessen Anblick einer ausruft: Siehe da! was bis jetzt ganz unerhörtes! — am Ende findet sich doch immer, daß auch dieses schon längst vor unsern Zeiten gewesen sey. — Die Vorzeit ist vergessen und die Gegenwart wird bey der Nachwelt dasselbe Schicksal haben.

Ich, der Forscher, war König in Jerusalem und verfiel darauf alles untersuchen, alles ergründen zu wollen was unter dem Himmel ist. — Eine traurige Arbeit für den, den Gott darauf verfallen lässet sich damit zu ermüden! Indeß beachtete ich alles, was unter der Sonne vorkömmt und was fand ich? Dies! Alles ist nichtig! — Geistesquälerey! — Verkehrtes — Gebrechen unzählig: Aber — der im Stande wäre zu bessern — Keinen!

Zu mir selbst sprach ich: Was Grosses will ich thun! Gelehrsamkeit will ich erwerben —

grössere

Zweytes Capitel.

gröſſere, als alle, die vor mir in Jeruſalem geweſen iſt! Mein Geiſt faſſete auch vieles Wiſſen, viele Kenntniſſe. Wiſſenſchaft, Weisheit wollte ich ſuchen, glänzende Kenntniſſe und Gelehrſamkeit: Aber ſelbſt hier traf ich nichts, als Quaal des Geiſtes! Denn, wo viel Wiſſen iſt, da iſt auch viel Eckel und, wer weiſer wird, als andere, hat auch mehr Verdruß, als ſie.

Nun dachte ich: Wohlan! mit Luſtbarkeiten, mit den Freuden des Lebens will ich es verſuchen! — Aber auch die fand ich unbefriedigend! Bald ſagte ich zum Lachen: Welcher Unſinn! zu den Luſtbarkeiten: Was leiſtet ihr! — Mich ſelbſt beobachtete ich während des Genuſſes des Weins, den ich meinem Cörper geſtattete. An der Hand der Weisheit überlies ich mich auch der Thorheit, weil ich ſehen wollte ob etwa dies der Weg zu dem Glücke ſey, das die Sterblichen, die Tage ihres Lebens über, auf dieſem Erdball machen ſollten. Große Werke unternahm ich. Ich baute Palläſte, legte Weinberge an; Gärten ließ ich beſtellen; Baumgärten ließ ich bepflanzen, in welche alle Gättungen fruchttragender Bäume geſetzet wurden; ich lies Waſſerleitungen graben um meinen Wald zu wäſſern,

wässern, den Wachsthum der Bäume zu beför-
dern. Sclaven kaufte ich und Sclavinnen, auch
deren hatte ich, die in meinem Hause geboren
waren; Vieh-Heerden besaß ich und meine
Heerden würden zahlreicher, als sie je einer vor
mir in Jerusalem gehabt hatte. Gold und Sil-
ber, alles, was Könige und Länder kostbares
liefern konnten, häufte ich auf. Sänger und
Sängerinnen wurden angeschaft: Alles, was
Menschen ergötzen kann, stand mir zu Gebote:
Groß ward ich, reich, reicher als alle, die vor
mir in Jerusalem gelebet hatten. Aber mein
Studieren gab ich dabey nicht auf. Was meine
Sinnen forderten gewährte ich ihnen: Aber auch
meinem Geiste versagte ich keine Ergötzung:
Auch dieser sollte ausser seinen Arbeiten sich
freuen und Genuß der Lohn meiner Anstrengungen seyn.

Allein, als ich nun über jene Werke, über
die Arbeit, die sie mir gekostet hatten, nach-
dachte, wie nichtig fand ich da alles, wie elend
was sie gewährten, wie sicher, daß alles auf
Erden nichts werth sey! Denn, als ich mich
daran machte zu untersuchen, was unter dem
allen wahre Weisheit, was weiter nichts, als
glänzende

glänzende Thorheit, sey, siehe! da stieß mir die Frage auf: Was wird der thun, der nach mir meinen Thron besteigen wird? Gewiß! nichts anders, als, was längst vor unsern Zeiten andere gethan haben. — Zwar den innern Vorzug der Weisheit vor der Thorheit verkannte ich nicht: Ich sahe wohl, daß jene diese eben so sehr übertreffe, als das Licht die Finsterniß, daß der Weise seine Augen brauche, der Thor aber im Dunkeln tappe; Aber dabey drängte sich mir zugleich auch die Ueberzeugung auf, daß mir, wie allen, einerley Schicksal bevorstehe. Da dachte ich: Wenn ich kein ander Schicksal erwarten kann, als der Thor, wozu übertreffe ich dann andere an Weisheit? — Und so entschied ich, daß auch dieses alles nichts werth sey. Des Weisen Andenken erhält sich eben so wenig ewig, als das Andenken des Thoren; die Gegenwart eilet dem Vergessen der Folgezeit entgegen; der Weise und der Thor sinken beyde ins Grab. Verhaßt wurde mir dadurch das Leben, verdrüßlich ich, daß alles, was man in der Welt thut, so nichtig befunden wird und so wenig Glück gewähre. Auch meine Werke ekelten mich an, diese Werke, auf deren Vollendung ich so viele

Mühe

Mühe gewand hatte, sie ekelten mich an, wenn ich bedachte, daß ich sie einem Nachfolger hinterlassen müsse. Denn ungewiß ist es, ob dieser ein Weiser, oder ein Thor, gewiß aber, daß er Herr alles des seyn wird, auf dessen Vollendung ich so viele Mühe und Kunst verwendet habe. Wie elend! Ganz glaubte ich an den Erfolg aller Mühe, die ich mir mein Leben über gegeben hatte, verzweifeln zu müssen, da es nicht anders ist, als, daß ein Mensch, was er mit Einsicht, mit Klugheit und mit Aufwand zu Stande gebracht hat, einem andern, der keine Hand daran gehabt hat, als ein Erbtheil, überlassen muß. O! Eitelkeit! o! unaussprechliches Elend! Denn, was hat nun der Mensch von allen seinen Bemühungen, von allen Anstrengungen seines Geistes in seinem Leben? Was hat er von allem täglichen Aerger und Verdruß? was von den Mühwaltungen, die er übernommen? Was helfen ihm die schlaflosen Nächte, die seine Seele beunruhigten? Wie nichtig alles! Daß er gut isset, gut trinket, daß er sich der Vollendung seiner Werke freuen kann, das macht noch nicht das Glück des Menschen aus. Auf Gott kömmt es an — ich habe es erfahren

Drittes Capitel.

fahren — ob er auch das zugleich mit finden soll. Denn wer hat herrlicher gespeiset, als ich? wer, seine Werke schneller zu Stande gebracht, als ich? Aber — bin ich deswegen glücklich geworden? Nein*! Seinen Günstlingen nur schenkt Er, bey Einsicht und Klugheit, auch Freude: die Uebrigen müssen Sünder seyn. Diesen legt er die Arbeit auf zu sammlen, zusammen zu scharren, was Er demnächst auf einen andern bringen will, dem Er's nun einmal gönnet. Wer fühlet nicht das Nichtige, das Jammervolle aller Dinge.

Alles unter der Sonne ist bestimmt! Jedem Vornehmen ist sein Zeitpunct angewiesen! Geburt, Tod — Pflanzen, das Gepflanzte ausreissen — Tödlich verwunden, Heilen — Niederreissen, Bauen — Weinen, Lachen — Klagen, Hüpfen — Steine zerstreuen, Steine sammlen — Umarmen, das Umarmte verstossen — Suchen, Verlieren — Aufbewahren, Wegwerfen — Zerschneiden, Zusammen nähen — Schweigen, Reden — Lieben, Hassen — Krieg, Friede — Allem ist seine Zeit angewiesen! Was kann also alle Würksamkeit des Menschen ausrichten? — Oft habe ich die Rast-

C. 3.

E losigkeit,

losigkeit, durch welche Gott die Menschen sich ermüden lässet, beobachtet. Er thue alles nach seiner besten Einsicht zur rechten Zeit, auch ein Vorgefühl der Zukunft mag in seiner Seele seyn: Immer bleibet der Mensch doch unfähig das Werk, das Gott vorhat, in seinem Anfange zu bemerken und seinen Ausgang zu enthüllen. Ich finde also, daß für das Leben kein ander Glück sey, als seine Freuden, bey Thätigkeit in nützlichen Geschäften, zu geniessen: Aber, daß der Mensch, bey Speise und Trank, auch Glück aus seinen Geschäften erlebe, das ist ein Geschenk, das zu vertheilen sich Gott allein vorbehalten hat. Sicher und gewiß finde ich nur dieses: Was Gott zu thun beschlossen hat, das geschieht immer — über das hinaus kann kein Mensch würken — von diesem kann er nichts zurückwehren: — Und so verfährt Gott um sich gefürchtet zu machen! Uebrigens: Was ist, ist schon vormals gewesen — was kommen wird, ist schon längst einmal vorübergegangen — nur Gott durchschauet, was kommen wird.

Beobachte ich ferner was auf der Erde vorgehet, so sehe ich Gewalt, wo Recht sollte gehandelt werden, und Ungerechtigkeit da, wo

der

Drittes Capitel.

der Thron der Gerechtigkeit stehen sollte. Zuerst* schloß ich daraus: den Gerechten und Ungerechten wird Gott richten, Gott der jedem Wollen seine Zeit, jedem Würken seine Grenze gesetzet hat: Aber bald dachte ich anders über diese Lage der Menschheit und fand: Es geschehe, damit Gott sie in ihrer wahren Beschaffenheit darstelle* und man sehe, wie ähnlich dem Viehe die Menschen auch in ihrem Verhalten gegen einander sind. Denn im übrigen hat ja doch Mensch und Vieh ein und eben dasselbe Schicksal. Dies stirbt und er stirbt auch — einerley Hauch beseelet Beyde — Nichts hat der Mensch vor dem Thiere voraus — der Eine ist eben so hinfällig, als der Andere — Beyde machen einen und eben denselben Weg: Beyde wurden aus Staub, beyde kehren wieder in den Staub zurück — Oder hat etwa Jemand gesehen*, wie der Geist des Menschen sich in die Höhe empor hob? und den Geist des Thieres, wie er sich mit ihm in der Erde verlor? — Ich sehe kein ander Glück des Menschen, als: Sich Freudengenuß bey seinen Arbeiten verschaffen — dieß ist seine Bestimmung! Denn, wer wird ihn auf den Standpunct führen, von dem aus er, er, was in der Zukunft aus ihm werden solle, ersehen kann?

C. 4. Auch ich blicke daher von ihr weg! Aber nun sehe ich Heere der Gedrückten, die unter der Sonne geängstiget werden — Hier sehe ich Thränen der Gequälten; — und niemand nimmt sich ihrer an! — Selbst können sie sich aus der Gewalt ihrer Unterdrücker nicht retten; — und kein Dritter bekümmert sich um sie! —— Glücklicher preise ich da die Gestorbenen, die dem Leben bereits Entrissenen, als die Lebenden, die sich noch damit schleppen: Glücklicher, als Beyde, den noch nicht ins Leben Getretenen, ihn, der die Bosheiten noch nicht sahe, die unter der Sonne begangen werden! Und — was die besseren Handlungen der Menschen anlanget — ich sehe keine, auch die ädelste nicht, deren Quelle nicht Eifersucht auf andere wäre — Und so sind denn ja wol auch diese wenig werth! So beugen ja auch diese den Geist nieder!

Freylich ist der ein Thor, der mit stets in einander geschlagenen Händen da sitzt und immer an sich selbst zehret, weil volle Ruhe ihm lieber ist, als viele Arbeit und Anstrengung seines Geistes. Aber auch dann, wenn ich mich zu dem wende,

Viertes Capitel.

wende, der ihm entgegen stehet, erblicke ich ein neues Elend auf Erden. Da ist ein Einzelner — er hat keinen neben sich, keinen Sohn, keinen Bruder: — Und dieser Einsame findet doch nie das Ende seiner Arbeit, nie des Reichthums genug um nur seine Augen an ihm sättigen zu können. — Wozu sollte ich mich abarbeiten und selbst jeder Frucht meiner Arbeiten entbehren! Auch das ist nichts werth, ist ein klägliches Geschäfte! — Erträglicher ist dies noch wo zwey mit einander verbunden sind, als wo einer so allein stehet. — Hier kann einer dem andern doch noch danken für das Gute, das sie sich einander erarbeiten. Fällt Einer, so kann ihm der andere aufhelfen: Aber wehe! dem Einzelnen — fällt der, so hat er keinen neben sich der ihm aufhülfe — Schlafen zwey zusammen, so können sie sich doch einander wärmen: Aber Einer allein! — wie will der warm werden! — Kömmt einer über ihn, der ihm zu stark ist: — Zwey werden ihm doch widerstehen können und — nicht leicht wird eine dreyfache Schnur reissen.

Unstreitig ist jener arme Jüngling voll Weisheit mehr werth, als der auf seinem Throne alt — aber nicht weise — gewordene König, der noch

noch dazu nicht gelernet hat sich rathen zu lassen. Aus dem Gefängnisse wird er geholet um den Thron zu besteigen — Er, der arm in dem Reiche geboren wurde, das nun ihm gehorchet — Ich sehe alle seine Zeitgenossen sich zu diesem Jünglinge gesellen, bestimmt der Nachfolger jenes Königs zu werden — ein zahlloses Volk! der ganze Haufe aller mit ihm Lebenden — — Aber — auch sein wird sich die Nachwelt nicht freuen! — Auch dies ist daher wenig werth! Auch dieses nur Quaal des Geistes!

Der Prophet. a)
Sey nicht unbescheiden, wenn du dich in Gottes Haushaltung* wagest, Ihr nahen nur um

a) Hier nimmt nun der das Wort, dem die Beantwortung dessen, was der als Forscher redend eingeführte Salomo, über das Uebel in der Welt bisher haranguiret hatte, in den Mund geleget wird. Allein dieser lässet sich auf alles das, was er in einem Schwall von Ausrufungen von Cap. 1, 2. — Cap. 3, 22. in Luthers Uebersetzung und zwar über die vermeyntlich elende Einrichtung des Ganzen von Cap. 1, 2 — 11 — über die Undankbarkeit

Fünftes Capitel.

um sich zu belehren, das ist mehr werth, als die Opfer, welche die Ueberklugen bringen, die es doch nicht einmal selbst einsehen, wenn sie Unrecht handeln. Sey nicht vorschnell in deinen Reden und laß selbst deine Gedanken nicht zu voreilig über Gott absprechen: Gott ist ja droben im Himmel, du hienieden auf Erden — Laß daher deiner Worte über ihn immer nur wenige seyn! — Wie man im Traume mit Geschäften überladen ist, so ist es die Rede des Nicht-Weisen aa) von der Menge Worte. —

C. 5.

Hast

keit der Fürsehung in Belohnung alles des Grossen, was er glaubte zu Stande gebracht zu haben Cap. 1, 12 — 26 — über das Unnütze aller Thätigkeit der Menschen Cap. 3, 1 — 15. endlich über den angeblich unwürdigen Ausgang der Menschen aus diesem Leben 16 — 22 declamiret hatte, en Detail nicht ein. Nur die respectwidrigen Ausdrücke gegen Gott, das Galimathias, in welches alles dieses war eingekleidet worden, verweiset er ihm kurz und nachdrücklich Cap. 4, 17 — Cap. 5, 6.

aa) Er will ihm hier zu verstehen geben, daß er durch seinen weitschweifigen Vortrag ganz

den

Haſt du einmal Gotte ein Gelübde gethan, ſo unterlaß nicht es zu erfüllen. Ihm gefallen freylich die übereilt Gelobenden nicht: Aber dem ungeachtet muſt du leiſten, was du einmal gelobet haſt. Nichts geloben iſt nicht Unrecht. Aber Unrecht iſts, geloben und nicht leiſten. Erlaube deinem Munde nicht eine Sünde auf deinen Leib zu bringen und dich zu zwingen vor dem Prieſter zu ſagen: Ich habe übereilt geredet. Warum ſoll Gott wegen des, was dein Mund geſprochen über dich zürnen und, was du vornimmſt mislingen laſſen? b) — So wie viel Träumen

den Character eines — zumal morgenländiſchen — Weiſen verläugnet habe, der, wie er im Verfolg thut, kurz und bündig ſich ausdrücken müſſe. —

b) Dieſe beyden letztern Erinnerungen ſind hier eigentlich die Hauptſache — was von Gelübden vorher ſtehet, iſt nur Einkleidung. Er will ſagen: Du haſt ohne Ueberlegung geſprochen und dafür kann dich Gott ſtrafen. Dies trägt er mit einer Erläuterung aus dem Rechte der Gelübde vor, die — nach Michaelis Moſ. Recht Th. 3. S. 7. flg. — erſt verbindlich wurden, wenn ſie über die Lippen ge-

Fünftes Capitel.

Träumen nichts werth ist, so sind es eben so wenig viele Worte: An Ehrfurcht vor Gott aber müsse es nie dir fehlen! c)

Siehest du auch irgendwo in einer Provinz einen Armen Druck und Unrecht, statt Recht und Gerechtigkeit finden: Ereifere dich wegen eines solchen Vorgangs nicht zu sehr — Es ist ja noch eine Obrigkeit über die andere gesetzet und einer, der die Obern alle beobachtet. — Immer blühet doch ein Land im Ganzen, so bald sein König nur den Ackerbau im Flor zu erhalten bedacht ist.

Wer

gangen; dann aber auch dem, der sie ausgesprochen hatte, sehr beschwerlich werden konnten. Eine Moral aber über die Gelübde muß man hier nicht finden.

c) Dies ist alles, was auf die (Note a) detaillirte weitläuftige Declamation erwiedert wird. Genauer wird auf das geantwortet, was Cap. 4, 1 — 6. über Bedrückungen der Schwachen geklaget und das. V. 7 — 12 über das Elend eines zumal unbeerbten Geizhalses gesagt war — Ersteres Cap. 5, 7. 8. Lezteres V. 9 — 11.

Wer Geld liebet wird nun einmal Geldes nimmer satt! Aber freylich! wer wird einen Ueberfluß lieben, der ihm keinen Nutzen schaffet? Das thun ist allerdings elend! Mehret sich der Reichthum, so mehret sich auch die Zahl derer, die unterhalten seyn wollen: Was hat also der Herr desselben mehr von ihm, als bloße Augenweide? Willkommen ist der Schlaf dem durch Arbeit Ermüdeten, er mag schön oder schlecht gespeiset haben: Aber dem Reichen stört Ueberladung oft seinen Schlaf. d) — — —

Der Forscher.

Recht! Allein immer bleibet es doch ein kränkendes Uebel, das man unter der Sonne erblicket: Reichthum, seinem Besitzer gegeben — zu seinem Unglück!

---

d) Hier würden wohl die Bemerkungen des Antwortenden über das Cap. 4, 13 — 16. Beygebrachte folgen: Aber der Forscher wird vorgestellet, als, durch das hier Gesagte auf neue Ideen geführet, durch deren Darlegung er den Redenden unterbricht.

Fünftes Capitel.

Verloren gehet ihm sein Reichthum in einer unglücklichen Unternehmung und der Sohn, den er zeugete, behält nichts von demselben in Händen. Nackt, wie er aus seiner Mutter Leibe kam, muß er selbst wieder davon — wie er nichts mitbrachte als er kam, so nimmt er auch keine Frucht seiner Geschäfte, wenn er abtritt, mit sich von hinnen. Ein schmerzvolles Unglück ist es doch für einen solchen, daß er, ganz so wie er gekommen, wieder davon muß! — Was bleibt ihm nun übrig! In den Wind hat er gearbeitet. Unbemerkt muß er nun doch alle seine übrigen Tage zubringen — verleben muß er sie in vielem Verdruß, Kummer und Aerger! Siehe! darum eben finde ich, daß es das höchste Glück der Lebenstage, die einem Gott schenket, sey: Mit Vergnügen essen und trinken und Fortgang derjenigen Unternehmungen sehen, mit welchen man sich für sein Erdenleben beschäftiget — und: Daß dies alles sey, was man davon hat! — In der That! — ob der Mensch, dem Gott Geld und Gut gegeben, Herr darüber bleiben soll davon zu zehren? ob er seinen Theil davon geniessen? ob er Freude von seinen Unternehmungen haben soll? — das alles kömmt lediglich auf Gott an.

Wem

Wem Er es bestimmet, dem verfliessen die Tage seines Lebens sanft: Denn der ists, für dessen Herz Er seine Freuden bestimmet hat.

C. 6. Ein ähnliches Elend, das die Menschheit schwer drücket, erblicke ich unter der Sonne! — Ein Mensch! — Gott gab ihm Geld und Gut und Ehre; nichts fehlte ihm von allem, was er sich wünschte: — Nur die Macht hatte Gott ihm versagt davon zu geniessen: ein anderer muste den Genuß davon haben. — Wie elend! wie bejammernswürdig! — Ein Mann mag hundert Söhne haben, er mag noch so viele Jahre leben, noch so groß mag die Zahl der Tage seiner Lebensjahre werden: e) Geniest er im Leben seines Gutes nicht, wird ihm, wenn er stirbt wol nicht mal ein anständiges Begräbniß — mein Urtheil über ihn ist dann dies: Eine unzeitige Geburt ist glücklicher, als er! Diese kömmt freylich als ein Nichts — sie lebet nur im Dunkeln und mit Dunkelheit bleibet ihr Name bedeckt — sie

e) Diese an Tautologie grenzenden Wiederholungen scheinen mir ein Kunststück des Schriftstellers zu seyn, das zu Wortreiche der Declamation auffallend zu machen.

sie erblickte die Sonne nicht — sie lernte nichts kennen. Aber sie genoß doch einer Ruhe, die jenem versagt wurde. Tausend und aber tausend Jahre mag er leben: Hat er nicht des Guten seines Lebens genossen: — müssen sie nicht am Ende beyde einem Orte zuwandern? — Alle Arbeit des Menschen ist nur für seinen Mund; das Sehnen seiner Seele wird nicht gestillet! — Was hat also vor dem Thoren der Weise voraus? Was nützt dem zum Unglück Bestimmten alle Lebens-Weisheit? — Was man vor sich siehet ist mehr werth als alles, wornach unser Sehnen umherschweift! — Lauter Nichts! Nichts als Geistes-Quälerey!

Der Prophet.

Was ist jeder Lebende? Sein Name ist ihm längst beygeleget und man weiß, welcher es sey: Mensch! Und der kann ja doch wol den nicht zu Recht fordern, der so viel Erhabener ist, als er. Viele Worte — viel Nichts! Was bessern diese dem Menschen? f)

Wer

---

f) Diesen lebhaften Verweis schickt der Antwortende dem voran, was er über die neuen Klagen seines Gegners sagen will.

Siebentes Capitel.

C. 7. *Wer weis es, was dem Menschen gut sey in seinem Leben, in diesen flüchtigen Tagen, die ihm wie ein Schatten vorüber schweben! Wer wird ihm sagen, was nach ihm unter der Sonne geschehen wird! So viel ein guter Nachruhm besser ist als eine kostbare Salbe, so viel ist der Tag des Todes mehr werth als der Tag der Geburt. g)

Es ist nützlicher in ein Trauerhaus gehen, als in ein Haus wo geschmauset wird: Jenes zeiget uns, wie es mit jedem Menschen endiget und belebet in uns das Gefühl. *Gern gehet der Weise auch in ein Trauerhaus: Nur der Thor will sein Leben ganz in der Freude gewidmeten Häusern zubringen. h)

Ernst ist mehr werth als Lachen, weil ein düsterer Blick das Herz bessert. Nützlicher ists, den

---

g) Der Mensch weis selbst nicht was ihm heilbringend seyn werde — er freut sich oft über was dessen Erfolg ungewiß und grämt sich über was, das für seine Glückseligkeit entscheidend ist.

h) Lauter Wonne ist dem Menschen nicht zuträglich, thörigt ists von ihm sie zu fordern.

Siebentes Capitel.

den Tadel eines Weisen zu hören, als die Freudenlieder der Wüstlinge: Denn, was das Geknatter eines auflodernden Dornhaufens ist, das ist das Jauchzen der Wüstlinge i) — Hier ist wahres Nichts!

Druck hebt den Weisen empor: Gaben des Glücks verderben oft das Herz — Der Ausgang einer Sache hat mehr Werth, als ihr Anfang: Und Biegsamkeit mehr, als Starrsinn. — Laß dich nicht schnell in Zorn setzen: Thoren sind es, deren Zorn nur schlummert. — Sage nicht: Wie gehet es zu? aber die vorigen Zeiten waren doch besser, als die gegenwärtigen: Denn Weisheit lehret dich nicht diese Frage thun. — k)

Im Unglücke ist Weisheit von grossem Werth: Aber von noch grössern dem, dem die Glücksfonne scheinet. — Gut wohnet sichs im Schatten der Weisheit, im Schatten des Reichthums,

i) Auch Widerspruch und Tadel hat seinen sichern Nutzen.

k) Widerwärtigkeiten veradeln den Menschen. Er muß aber nicht Trotz und Eigensinn darin zeigen, sondern das Ende abwarten, nicht bey jedem Querstrich gleich über Gottes Fürsehung zürnen — nicht glauben die Vorzeit sey vollkommner gewesen.

thums,' auch im Schatten der Gelehrsamkeit: Aber, das Leben beglückende Weisheit ist diese: Auf das, was Gott zu Stande bringen will, laß auch deine Blicke gerichtet seyn: Niemand kann doch das gerade machen, was er krümmen will. — Am glücklichen Tage geniesse deines Glücks, aber am unglücklichen schicke dich auch in diesem: Gott läst beyde mit einander abwechseln und wegen der Zukunft muß daher der Mensch stets ungewiß bleiben. — 1)

Der Forscher.

Aber eine unwiderlegliche Erfarung ist es doch, die mich meine flüchtigen Lebenstage machen liessen: — Der Rechtschaffene gehet mit seiner Rechtschaffenheit zu Grunde und der Bösewicht kömmt empor mit seinen Unthaten.

Der Prophet.

Sey nicht allzugerecht! Uebertreibe es nicht in der Weisheit! Verbittere dir darüber dein Leben

---

1) Antwort auf die Fragen des Forschers über den Nutzen der Weisheit: Und Regeln, die man, um ruhig zu leben, beobachten müsse.

Siebentes Capitel.

Leben nicht! Versündige dich nicht zu sehr und werde kein Unbesonnener! Warum willt du dich unnöthiger Weise elend machen? Gut ists, wenn du dieses beachtest: Nur must du deshalb im Guten nicht unthätig werden — Ehrfurcht gegen Gott bewahret sicher vor dem allen. Diese Weisheit macht den, der sie übet, stärker, als zehn Tyrannen, die in der Stadt seyn mögen. — Es ist ja doch auch kein Sterblicher auf Erden so unsträflich, daß er immer recht, nie unrecht gehandelt hätte. — Achte auch nicht zu genau auf alles was man spricht; du möchtest sonst auch mal hören, deinen Nachgesetzten dich tadeln: Du bist dir's ja wohl bewust, daß du wol andere getadelt häst. m)

Der Forscher.

Alles habe ich reiflich erwogen! Ich wollte Weisheit darin finden: Aber die war mir zu weit entfernt! Zu weit entfernt ist sie, als daß
man

m) Ein feiner aber scharfer Tadel des Forschers wegen dessen, was er sich gegen Gott, seinen erhabensten Gebieter in seinen Urtheilen erlaubet hatte.

man sie treffen könnte! Zu tief, zu tief! Wer wird sie finden? Von allen Seiten beachtete ich es, ich beachtete es mit Anstrengung, um zu entdecken, zu erforschen, zu finden Weisheit und Ueberlegung darin, um zu entdecken das Unrecht des Vorwitzigen und die Thorheit des Kurzsichtigen. — Hier stieß ich auf etwas — widerlicher, als der Tod! — ein Weib, ihr Herz Netz und Schlinge, Fesseln ihre Hände! — Der eine, ein Günstling der Gottheit, entging ihr: Der andere, ein von Ihr Verworfener, n) ward ihr Raub. Siehe! das habe ich gefunden, dies sagt der Forscher, — mehr als einmal gefunden — an statt Grund und Ueberlegung zu finden. Was ich weiter suchte habe ich nicht gefunden: — einen Mann! o) zwar einen fand ich noch wohl unter Tausenden; Allein ein Weib! o) das habe ich unter eben so vielen nicht finden können.

n) Spr. Sal. 22, 14.

o) Mann, Weib: Diese beyden Worte wollen hier so viel sagen, als eine Person jedes Geschlechts, die das wäre, was sie, ihrer Anlage und Bestimmung nach seyn könnte und sollte.

können. Das höchste, was ich entdecken konnte, ist dieß: Ich fand, was Gott mit den Menschen macht, ist untadelich — Aber diese selbst sinnen auf allerley Ränke!

Der Prophet.

Wer reicht an den Allweisen? Und wer versteht es sein Geschäft zu ergründen? Nur weises Verhalten des Menschen macht ihn heiter — nur dies giebt ihm einen starken, festen Blick. p)

Auf des Königs Mund muß man acht geben zufolge des Eydes, den man ihm bey Gott geschworen hat, damit man nicht beschämt brauche aus seinen Augen zu gehen. Als Theilnehmer an

C. 8.

────────

p) Dieses weise, d. h. pflichtmäßige Verhalten der Menschen setzt der hier Redende aus einander und zwar so, daß er seinen königlichen Gegner an das erinnert, was er selbst von seinen Unterthanen erwartet, um ihn auf die Pflicht schliessen zu machen, die er selbst Gotte, seinem allweisen Oberherrn schuldig sey. An dieß erinnert er ihn zuletzt noch durch die Bemerkung der Ungewißheit der Zukunft und des, daß kein Thron, daß Nichts — auch kein Titanen-Frevel gegen den Tod schütze.

F 2

an ihm mißfälligen Anschlägen muß man sich nicht finden lassen: Denn, was er gut findet, das thut er. Das Wort des Königs ist ein Befehl: Wer wagt es ihn zur Rede zu stellen? Wer die Landesgesetze befolget, der weiß von keiner Theilnahme an gesetzwidrigen Unternehmungen. Indeß lehret den Klugen sein Gefül die gelegene Zeit unterscheiden: Und für jedes Vorhaben kömmt einst ein günstiger Zeitpunkt, wenn gleich bis dahin viel Uebel die Menschheit drückt — Keiner weiß übrigens, was in der Folge geschehen wird: Denn wer wird, was kommen soll, ihm vorher kund machen? — Kein Sterblicher ist auch nur seines Athems Herr, ihn, so lange er will, schöpfen zu können: Keines Herrschers Herrschaft erstreckt sich auch auf den Tag seines Todes: Aus dem Kriege mit diesem entrinnet keiner — auch der Frevler entreisset sich diesem Gewaltigen nicht.

Der Forscher. q)

Vollkommen richtig! Auch ich habe alles dieses bemerket, indem ich meine Aufmerksamkeit auf

q) Abgeneigt schon nachzugeben fässet er hier die letzte Aeusserung seines Gegners auf um seine Klage

Achtes Capitel.

auf das Benehmen der Menschen in diesem Erdenleben richtete: Nur eine Zeit lang währet es, daß ein Mensch über den andern herrschet: — Aber dies zum Nachtheil der Überlebenden. An der andern Seite aber sahe ich auch Unwürdige; Auch sie wurden begraben — kamen, wohin sie musten — herab traten auch sie von dem geheiligten Platze, an dem sie gestanden: Aber vergessen wurden nun Beyde, selbst in ihrer Residenz, sie mogten so oder anders sich betragen haben — das, das ist eben das Unausstehliche bey der Sache!

Weil nicht schnell ein Spruch über diejenigen ergehet, die schlecht handeln, daher wird das Herz der Sterblichen des Bösen so voll; daher thun sie so vieles Unrecht — hundert mal kann ja der Sünder Böses thun und doch dauert dabey sein Wohlstand immer fort! — Das weis ich zwar wohl, daß am Ende es denen, die Gott ver-

---

Klage über das vermeintlich Unschickliche in Vertheilung menschlicher Schicksale weiter aus einander zu setzen. Aber er wirft sich nicht mehr zum Richter über Gott auf — er kann nur nicht einsehen, was er damit wolle. —

verehren, die seine Gegenwart scheuen, wohl gehen und daß hingegen es nicht wohl gehen werde denen, die Böses thun; daß auch die Tage derer, die keine Ehrfurcht vor Gottes Gegenwart hegen, dem Schatten ähnlich, von keiner Dauer sind! Aber bey dem allen bleibt doch dies ein Elend, das auf der Erde herrschet: Da ist ein Rechtschaffener — und es gehet ihm, als wenn er ein Bösewicht wäre! Und: da ist ein Bösewicht — und es gehet ihm, als wenn seine Handlungen die ädelsten wären — — dies, dies ist das Uebel worüber ich klage. Eben dies ist auch der Grund, warum ich allein die Freude etwas werth achte, indem ja doch der Mensch kein ander Glück in seinem Erdenleben haben kann, als, bey Essen und Trinken vergnügt seyn und dies das Einzige ist, was ihm in seinen Arbeiten während der Lebenstage gut gethan wird, die Gott ihm hier auf Erden zutheilet. Ich habe ja alle meine Aufmerksamkeit darauf gerichtet Kenntnisse mir zu erwerben und die Beschäftigungen, die auf Erden vorgenommen werden zu beobachten, diese Beschäftigungen, die so oft, Tag und Nacht über, den Schlaf aus den Augen verbannen: Gefunden habe ich aber
da-

Neuntes Capitel.

dadurch nur, daß der Mensch den ganzen Umfang des Geschäfts Gottes nicht ergrübeln kann, nichts von dem Werke, das Er auf Erden zu Stande bringen will. — Alle seine Anstrengungen es zu ergründen sind vergebens, er erräth es nicht — Es mag auch der Weiseste nachdenken es zu entdecken, er muß es unenthüllet lassen. Alle meine Aufmerksamkeit habe ich angestrenget darüber mir Erklärung zu schaffen, daß, da ja doch Redliche und Weise, so wie alle ihre Schicksale, unter Gottes Leitung stehen, dennoch auch diese bald begünstiget werden, bald nicht und kein Mensch in Ansehung ihrer etwas unterscheiden kann*. Es gehet dem einen wie dem andern — eins und eben dasselbe begegnet dem Rechtschaffenen und dem Bösewichte, dem braven und tugendhaften Manne, wie dem Lasterhaften, dem, der opfert, wie dem, der nicht opfert, dem Frommen, wie dem Frevler, dem der in Tag hinein schwöret, wie dem, dem der Eyd ehrwürdig ist. Das ist ja doch wol ein Uebelstand, — und bey allem, was unter der Sonne vorgehet, trift man ihn — daß so alle einem Schicksale ausgesetzet sind! Dies eben macht die Menschen so voller Unrecht, dies lässet

C. 9.

sie

sie so boshaft werden in ihrem Leben — das Ende aller ist dann der Tod! Denn wer macht hier eine Ausnahme? Und — so lange einer lebet kann man was auf ihn rechnen: Nachher? — ein lebendiger Hund ist mehr werth, als ein todter Löwe. Die Lebendigen wissen — wenigstens, daß sie sterben müssen: Aber die Todten wissen von Nichts. Nichts haben sie weiter zu erwarten: r) Denn selbst das Andenken an sie gehet verloren. Nun ists aus mit Liebe, mit Haß, mit Eifersucht! In Zukunft haben sie weiter keinen Antheil an allem, was sie sogar selbst in ihrem Erdenleben zu Stande gebracht haben.

Der

---

r) Da der Forscher oben gesagt hatte, er wisse, daß Gute und Böse nicht immer einerley Schicksale erfaren würden, folglich dadurch, besonders in dieser Verbindung, auch seine Erwartung eines künftigen Lebens andeutet, so kann er dies unmöglich im ganz strengen Sinne behaupten: Er redet also hier nur von dem, was zu den Schicksalen und Beschäftigungen des Lebens unter der Sonne gehöret: Der Verfasser lässet ihn aber dieses gleichsam im Eifer des Disputirens, stärker ausdrücken, als ers selbst meynen konnte.

Neuntes Capitel.

Der Prophet.

So gehe denn wenigstens du hin, iß dein Brod mit Freuden, trinke mit frohem Herzen deinen Wein, da Gott doch wenigstens dein Vornehmen begünstiget. s) Glänzend sey dann immer deine Kleidung! Laß Salbe deinem Haupte nicht fehlen! Lebe glücklich mit der Gattin, die du liebest, so lange dir Gott das vergängliche Leben auf diesem Erdball, das Er dir verliehen hat, fristet — alle diese deine flüchtigen Tage über! Dies ist nun einmal das Loos, das auf dein Leben gefallen, dies dir bestimmet für die

Ge-

---

s) Da das unmittelbar vorher Gesagte weniger irrig, auch nicht mit so unbescheidenen Tadel Gottes und seiner Fürsehung gesaget, wenn gleich etwas zu stark ausgedrücket war, so lässet der Antwortende das hingehen, fasset aber seinen Gegner von der Seite, daß er ihn erinnert, wenigstens er sehe sich doch vor Tausend andere begünstiget — und gibt ihm den Rath, er möge dies ihm gewordene Gute geniessen, ohne unberufen den Wortführer anderer machen zu wollen, dagegen für sich fortfaren thätig in den ihm angewiesenen Geschäften zu seyn.

Geschäfte, die dir für dein Erdenleben angewiesen wurden. Aber thue denn dabey auch alles mit Kraft, was dir zu thun vor die Hand kömmt, wenn doch einmal weiter kein Geschäft, kein Gedanken, kein Wissen und keine Weisheit weiter im Grabe, dem auch du entgegen wallest, zu erwarten seyn soll.

Der Forscher. t)
Laß uns noch einmal in das Erdenleben blicken! Hier lehret doch die Erfahrung: Schnelligkeit ist nicht genug um im Wettrennen, Stärke nicht genug um im Kriege zu siegen — der Ge-

---

t) Noch eins mißfällt ihm in der Welt! — Was hilft Thätigkeit? — man hat ja wegen des Erfolgs keine Sicherheit — Zufälle verderben oft die besten Unternehmungen! — Aber dies trägt er schon in einem viel gemäßigtern Tone vor. Er bemerket schon selbst aus einer eigen gemachten Erfarung, daß kluges Benehmen doch unglaublich viel ausrichten könne und fängt also an zu ahnden, daß, wenn manches nicht glücken wolle, die Schuld doch wol an den Unternehmer liegen könne — Er nähert sich seinem Gegner!

Neuntes Capitel.

Gelehrte hat nicht immer Brod, nicht der Geschickte immer Reichthum — der Einsichtsvolleste ist nicht immer der Geschätzte — Umstände, Zufall treten oft allen diesen in den Weg. Ferner! — Der Mensch weis nicht, was ihm bestimmet ist. — Wie der Fisch von einem tückischen Netze umschlungen wird, wie Vögel durch die Leimruthe gefangen werden: Eben so werden auch die Menschen vom Unglück ergriffen, das sie so ganz ungewarnet überfällt. — Doch! Auch Würkungen der Klugheit erblickte ich unter der Sonne, die meine ganze Bewunderung auf sich zogen. Gegen eine kleine Stadt mit wenig Einwohnern zog ein mächtiger König — er berennete sie — gewaltige Werke ließ er gegen sie aufführen: Allein in derselben war ein Mann — zwar arm aber von grossen Einsichten — und dieser einsichtsvolle Mann rettete die Stadt: Nur kein Mensch dachte nachher weiter an diesen armen Mann. Ich aber rief aus: Weisheit gehet doch über Stärke, wie sehr auch die Weisheit eines Geringen mag vernachlässiget, wie wenig auch gewöhnlich auf seine Stimme mag gehöret werden! Der leise Spruch des Weisen dringet doch weiter, als das laute Rufen unfähige higer Gewalthaber! Mehr werth sind Einsichten, als alle Werkzeuge des Krieges! — nur schlimm! daß ein Bube viel viel Gutes vernichten kann.

Der Prophet. u)

C. 10.
Todte Fliegen, wenn sie in künstlich bereitete Salben gerathen, machen diese gährend und übelriechend: Und ein kleines Versehen kann auch

u) Er folget der Spur, auf die ihn sein Gegner geführet. Da dieser der Geschicklichkeit hatte Gerechtigkeit widerfaren lassen, so bemerket er nun, was dem Klugen und Geschickten oft hindere seinen Zweck ganz zu erreichen, alle Vortheile zu erndten, die er hätte erndten können. Jenes: Bey aller seiner Geschicklichkeit machte er doch vielleicht einen auch nur kleinen Feler — hie schiebt er die Bemerkung ein, daß, wenn ein solcher ihn nun zwar nicht alles vollenden lasse, seine Geschicklichkeit ihn doch gegen die Verachtung schütze, die der Dumme sich selbst zuziehe. — Dieses: der Geschickte ist oft eigensinnig, kurzköpfig und findet daher nicht alle die Gunst, die er hätte erwarten können, bey Menschen, die nun einmal an Nachgabe nnd Biegsamkeit gewöhnet sind.

Zehntes Capitel.

auch dem ädelsten Weisen seines Ruhmes berauben. — Der Geschickte hat indeß seinen Kopf immer bey sich*, aber der Ungeschickte hat ihn oft verloren: Schreitet er nur über die Gasse so zeiget er sich schon kopflos — und ruft selbst allen zu: Hier geht ein Stümper! — Wird die Empfindlichkeit eines Grossen gegen Jemand erreget, so kehre der ihm nicht gleich den Rücken zu: Wer ihn zu behandeln weis* kann ihn, auch nach gemachten grossen Fehlern, besänftigen.

Der Forscher. v)

Ein neues Gebrechen treffe ich unter der Sonne an: Aber freylich! es ist ein Versehen des Regenten! — Nichtswürdige werden zu hohen Ehrenstellen erhaben: Und Leute von Werth bleiben in Niedrigkeit sitzen. Sclaven siehet man zu Pferde daher reiten: Und Edele müssen, als Sclaven, zu Fusse beyher laufen!

Der

---

v) Der Geist des Widerspruchs verlischt! Er bemerkt zwar noch ein neues Gebrechen: Aber er nennet es nur und bescheidet sich gleich selbst, Menschen seyn Schuld daran, nicht Gott, nicht Fürsehung.

Zehntes Capitel.

Der Prophet. w)

Wer eine Grube gräbet, kann auch selbst hineinfallen. — Wer eine Mauer niederreisset, kann von einer Schlange gestochen werden. — Wer Steine wegwälzet, kann sich dabey wehe thun. — Wer Holz spaltet, kann sich verwunden.

Wird der Stahl stumpf und man schärfet ihn nicht wieder, so muß man desto mehr seine Kräfte anstrengen.

Klugheit ist die beste Führerin.

Hat die nichtbeschworne Schlange den Biß gethan, so strenget ihr Herr seine Lunge vergebens an.

Was

---

w) Er und sein bisheriger Gegner sind nun einig. Zwar hat Letzterer es nicht mit deutlichen Worten gestanden, aber doch zuletzt so geredet, daß er stillschweigend zugegeben: die Menschen bringen selbst die Uebel über sich und andere, unter welchen sie seufzen; Gott ist unschuldig daran — Er hat die Menschen so ausgestattet, daß sie sich die allermeisten ersparen könnten. — Das Gespräch könnte also nun aus seyn: Allein der Geschmack des Morgenlandes erwartete zum Schluß noch Moralien und zwar eingekleidet in Sentenzen
und

Zehntes Capitel.

Was ein Kluger saget macht ihn beliebt: Die Geschwätze des Thoren stürzen ihn in Verdruß. Mit Dummheit hebt seine Rede an und mit verächtlichen Unsinn endiget sie. Wenn er noch so lange geschwatzt hat, so weiß doch kein Mensch was er gesaget: Und wer wird einem, was herauskommen sollte, enträthseln!

Den Einfältigen erschöpft eine Arbeit: die breiteste Heerstrasse kann er ja nicht finden.

Wehe!

und kurzen nachdrücklichen Sittensprüchen. Diese werden also noch hinzu gefüget. Was nun folget enthält daher noch 1) eine Reihe kurz und nervös vorgetragener Bemerkungen zur Erklärung, warum manches nicht so sey, wie man es gerne hätte, Cap. 10, 8—19. dann 2) Klugheitsregeln, deren Befolgung manch Uebel entfernen manch Gutes bewürken könnte, V. 20. — Cap. 11, 8. — endlich 3) eine Ermanung nie Gottes zu vergessen, nie den Gedanken, daß er uns zur Rechenschaft ziehen werde — die Uebung eines gewissenhaften Verhaltens nicht bis in die spätern Lebensjahre, am wenigsten bis ins hinfällige Alter zu verschieben, dessen unfelbare Folge der Tod sey. Cap. 11, 9. — 12, 7.

Eilftes Capitel.

Wehe! dem Lande, deſſen König ein Sclave war, deſſen Regenten die Geſchäftszeit verſchmauſen: Aber wohl! dem Lande, deſſen König von erhabener Abkunft iſt, deſſen Regenten zur rechten Zeit ſpeiſen — zur Nahrung, nicht als Schwelger.

Vernachläſſigung macht die Sparren dünne: Und, wenn er nicht nachſiehet, ſo regnets dem ins Haus, deſſen Speiſe Lachen, deſſen ~~Freude Wein~~ Wein iſt und dem ſein Geld alles verſchaffet.

* * *

C. II. Nicht einmal in ſeinen Gedanken urtheile man unwürdig von dem Könige, und von Mächtigen ſpreche man auch auf dem Bette in ſeiner Schlafkammer nicht übel. Die Vögel des Himmels könntens weiter tragen und das Geſieder, was man geſprochen hat, verrathen.

Auch dem Meere vertraue von deinem Vorrath an; aber vertheilt auf ſieben oder acht Schiffen*: Nach Jahren wirſt du den wieder erhalten; Und man weiß ja nicht was für ein Unglück indeß das Land mag getroffen haben. — Erſt füllen ſich die Wolken, nachher ſchütten ſie den

Eilftes Capitel.

Regen auf das Land aus: Wenn aber ein Baum gefallen ist, es sey gegen Süden oder Norden, wohin er gefallen ist, da bleibt er liegen. x)

Wer immer nach den Wind siehet, der säet nicht: Und wer immer in die Wolken gucket, der erndtet nicht. So wenig man die Richtung des Windes vorher weiß, so wenig man über die Bildung der Gebeine in dem Leibe einer Schwangern Rechenschaft geben kann: Eben so wenig weis man, wie Gott es mit allem diesem machen werde. Zeitig streue daher deinen Saamen aus, auch später laß deine Hand nicht ruhen: Du weißt ja nicht, ob diese Zeit die vortheilhafteste sey, oder jene; Und gelünge das eine so gut wie das andere, so wäre dein Vortheil desto grösser.

* * *

Süß ist immer das Leben und den Augen erquicklich die Sonne zu sehen: Erlebet aber einer

---

x) Unbemerkt bereitet sich, was kommen soll, zu: Ists aber da, so kann nichts das, was geschehen ist, ändern.

einer auch noch so viele Freudentage, so muß er in selbigen stets bedenken, daß auch der trüben Tage nicht wenige zu erwarten seyn dürften: Die Zukunft ist immer ungewiß!

So freue dich dann, Jüngling! deiner Jugend! Geneuß des Guten, das dir deine Jünglingstage darbieten! Gehe die Wege, welche dein Herz dich führet! Gönne deinen Augen ihre Weide! — Aber vergiß auch dabey nie, daß dich Gott wegen alles des, was du thust, zur Rechenschaft ziehen werde! Vertreib übrigens allen Unmuth von deinem Herzen — entferne, was ihn schmerzet von deinem Leibe: Denn Knaben- und Jünglingsjahre fliehen vorüber!

C. 12. Sey aber deines Schöpfers eingedenk schon in deiner Jugend! Warte damit nicht bis sie kommen die bösern Tage, bis sie dich ereilen die Jahre, von welchen du sagen wirst, sie gefallen mir nicht; — die Zeiten, in welchen der Schein der Sonne, das Licht des Mondes und der Sterne nur nicht ganz verlischt und ein Ungewitter über das andere dich überfällt; y) die

Periode

---

y) Die Lasten der männlichen Jahre und ihre häufigen Unglücksfälle.

Zwölftes Capitel.

Periode des Lebens, in welcher die Hüter des Hauses zittern, die sonst straffen Männer wanken, die Müllerinnen feyern, weil ihrer zu wenige geworden, ~~und~~, und nur stumpfe Blicke aus den Fenstern geschehen; in der die Hausthüren geschlossen werden und das Geräusch der Mühle verhallet; in der man munter wird mit den Singvögeln, aber auch die treflichsten Sängerinnen verstummen*; in der eine Anhöhe Furcht erreget, jeder Weg Schauder; in der einem der den Frühling ankündigende Mandelbaum gleichgültig wird* und die Herolde des Sommers, Heuschrecke und Turteltaube, zur Last fallen. — zz)

z) Von hier folgen die Beschwerden des höchsten Alters: Die Hände zittern — Füsse beben — Zähne beissen nicht, weil sie nicht mehr auf einander passen — Augen erblinden — Gehör wird schwer — nicht mehr lassen sich alle Töne herausbringen, weil die Zähne weg sind — Schlaflosigkeit — Furchtsamkeit — Gleichgültigkeit gegen alles, Beschwerde über alles, was in frühern Jahren Freude macht.

zz) Von hieran wird der Tod beschrieben. — Wem hier die letzten, vom Wasserschöpfen hergenommenen Bilder etwa weniger übel vorkämen, nach der dann die Menschen in die Wohnung eingehen, aus der man nicht wieder heraustritt und der Leichenzug auf der Straße daher wallet — der Silberdurchflochtene Strick des Kronleuchters weggethan wird und dann seine goldene Kugel zerschellet — der Eimer an der Quelle zusammen fällt und das Rad über der Cisterne zerbrochen wird. — Kurz! — der Staub wieder zu der Erde zurückkehret, von der er war und der Geist sich wieder empor schwinget zu Gott, der ihn mit selbigem verbunden hat. —

E p i l o g.

O! trauriges Nichts! o! beklagenswürdiger Unwerth aller Dinge! — so sprach freylich der Forscher: Aber im übrigen war dieser Forscher in der That ein Weiser — Kenntnisse lehrte er das Volk — Er dachte tief! Er erfand und ordnete viele Sittensprüche. Lieblich sie einzukleiden beeiferte sich dieser Forscher: Und

kämen, der muß bedenken, welch einen höhern Werth als in unsern nassen Norden, im dürren Morgenlande das Wasser, mithin auch alles, hat, womit es geschöpfet wird.

Zwölftes Capitel.

Und schön schrieb er auch in der That Aussprüche der Wahrheit. Dergleichen Sprüche der Weisen dringen ein gleich Spiessen und haften gleich tief eingetriebenen Nägeln: Und die einzige, von diesem Beobachter herrührende, Sammlung derselben fasset alles, was Jedem zu wissen nöthig ist, in sich. — Laß dir das gesagt seyn, mein Sohn! Der Bücher sind viel: Und immer werden ihrer mehrere — Aber viele lesen ist nichts, als — Leibes-Arbeit.

Wollen wir noch den Kern aller Weisheits-Sprüche — das Wesentliche derselben vermehren? Hier ist es: Sey durchdrungen von Ehrfurcht gegen Gott und gehorche seinen Vorschriften! Denn vor Sein Gericht wird Gott alle Handlungen der Menschen ziehen — alle — auch die verborgenen — sie mögen gut seyn, oder schlecht!

Anhang

einiger Bemerkungen zur Vertheidigung der hie und da gewählten Ausdrücke.

Es kommen verschiedene Worte in diesem Buche sehr oft vor von welchen es mir schien, der Deutlichkeit sowol als auch des Wollauts wegen, gleich in die Uebersetzung diejenigen deutschen Ausdrücke setzen zu müssen, die sie an jeder Stelle zu haben scheinen. Besonders aber glaubte ich für כְּסִיל, סָכָל, סִכְלוּת oft statt der allgemeinen Ausdrücke, Thor, Thorheit, die besondere Gattung des Thoren und der Thorheit nennen zu müssen, die in jeder Stelle gemeynet wird.

C. 2, 25. 26. Diese kleine Frage und Antwort kann ich zwar im Texte nicht zeigen; da sie aber wol gewiß dazwischen gehöret und

und ohne sie dem deutschen Leser der Sinn weniger einleuchtend seyn möchte, so glaubte ich sie hier einzurücken dürfen.

C. 3, 17. 18. אָמַרְתִּי — ich sagte, oder dachte, nach V. 17, Gott wird richten — nach V. 18. ganz anders — Dies schien mir auszudrücken zu seyn durch: Erst dachte ich so, nachher anders.

18. לְבָרָם ad declarandum eos schien mir hier so viel anzudeuten, als: sie zu erklären für das, was sie sind. Und das drückte ich aus durch: Sie in ihrer wahren Beschaffenheit zu zeigen.

21. יֹדֵעַ־מִי יוֹדֵעַ scheint mir hier Wissen zu seyn, in so ferne es sich weder auf Vermuthung noch Glauben grün-

gründet, folglich auf das, was man mit Augen siehet und mit Händen greifet — daher die Uebersetzung: Hat etwa jemand gesehen.

C. 4, 17. תֵּלֵךְ אֶל־בֵּית הָאֱלִים schien mir hier aus dem Ausdruck Ps. 73, 17. אָבִיא אֶל מִקְדְּשֵׁי־אֵל erkläret werden zu müssen. Assaph will hier ohne Zweifel sagen: Er habe Licht in seinen Zweifeln über die Gerechtigkeit der göttlichen Weltregierung gefunden, als er sich an das nicht gleich in die Augen fallende, nicht Jedem, flüchtig was vorgehet angaffenden, bemerkbare ihrer Fügungen — ein diesen unzugängliches Heiligthum — gemacht habe um darauf acht zu geben. Von einem, der dies thun will, ist, dünkt mich, auch hier nach dem Zusammenhang klar die Rede und diesem

diesem werden hier dabey zu beobach-
tende Regeln ertheilet. Die gewöhn-
liche Uebersetzung passet in diesen Zusammenhang gar nicht — wer so geredet hat, wie bisher der Forscher,
dem kann man nicht antworten.
Höre fleissig zu, wenn du zur Kirche
gehest. — Es gehet aber, wie's mir
scheinet auch nicht an bey בית־אלקים
an etwas unsere Kirchen auch nur
ähnliches zu denken. Dieser Ausdruck bedeutet meines Wissens, wenn
von einem eigentlichen Gebäude die
Rede ist, den Tempel oder vor demselben, den Ort, wo das Heiligthum
der Israeliten, die Bundeslade, war.
In der aber durfte, ausser den Prie-
stern, niemand treten, auch wurden
da keine Religions-Vorträge gehalten. An Synagogen, in welchen das
freylich geschahe, ist hier wol nicht

zu

zu denken: Diese führen den Namen nicht, wie aus Pf. 74, 8. Pf. 83, 13. zu ersehen. Es kann also hier darunter wol nichts als das grosse Haus Gottes, die Welt, und insbesondere die innere Einrichtung, die Haushaltung verstanden werden, die Gott darin führet. In diese hatte der Forscher sich unterstanden unbescheidne Blicke thun zu wollen, das wird verwiesen. שְׁמֹר רַגְלֶיךָ heißt dann: Gehe nicht allenthalben gerade zu, nicht auch ins Cabinet des Hausherrn, als wenn du auch in seine Haushaltungsbücher mit einsehen wolltest — daher übersetzte ich: **Sey nicht unbescheiden!**

C. 7, 1. Herr HR. Eichhorn läßt erst mit dem Anfange dieses Capitels den wieder das Wort nehmen, der bey Ihm

Ihm der Lehrer heist. Ich wage es hier die Abtheilung anders zu machen und schon die 3 letzten V. des 6. Cap. nach Luther die 2 letzten desselben, ihm zuzutheilen, weil Inhalt und Einkleidung mir dem gemäſſer scheinet.

2. 4. Diese beyden V. scheinen hier zusammen zu gehören, so wie 3 und 5., nach Luther 4 und 6. — Diese Versetzung erinnere ich mich, schon ehe ich daran dachte mich mit diesem Buche zu beschäftigen, vorgeschlagen gefunden zu haben, kann aber die Stelle nicht angeben.

C. 9, 1. אֵין יוֹדֵעַ הָאָדָם הַכֹּל לִפְנֵיהֶם non cognoscit homo quenquam secundum faciem ejus, dies schien mir hier besser durch: Und daß kein Mensch in Ansehung ihrer etwas unterterscheiden kann gegeben zu werden, als Dathens: Nihil omnino rerum futurarum homo novit.

C. 10, 2. Die hier stehende sprichwörtliche Redensart kann im Deutschen um so weniger beybehalten werden, da: sein Herz an der rechten oder unrechten Stelle haben, ganz was anders bedeutet, als hier Platz finden kann. Ich glaubte also eine sprichwörtliche Redensart gegen eine andere, welche das, was hier meiner Meynung nach gesagt werden soll, ausdrückt, vertauschen zu dürfen.

C. 10, 3. לִבּוֹ חָסֵר Wenn לֵב, das für alle Geistes-Kräfte gebrauchet wird, hier Verstand und Klugheit bedeutet, so werden in dieser Verbindung diese

Anhang.

diese Worte für: Er zeigt sich kopflos genommen werden können.

4. מַרְפֵּא was ihn heilet nach den Septuaginta: ἴαμα kann hier schwerlich etwas anders seyn, als gehörige Behandlung desselben — daher hier: Wer ihn zu behandeln weis.

יָנִיחַ nach denselben καταπαύσει — ein Sinn, der mir hieher besonders gut zu passen schien.

C. 11, 1. 2. Auch hier habe ich es gewagt eine Versetzung vorzunehmen und das erste Glied des 2ten V. zum zweyten des ersten gemacht, weil die Gedanken so besser zu einander zu passen scheinen; entsinne mich aber nicht, ob sie auch so, wie bey Cap. 7. oben, schon anderweitig vorgeschlagen sey.

C. 12,

C. 12, 4. יָשֹׁחוּ über die hier gesetzte Bedeutung dieses Worts f. Gött. Biblioth. der neuesten theol. Litt. B. 3. S. 632.

כָּל־בְּנוֹת הַשִׁיר Töchter des Gesanges scheinen mir hier die treflichsten unter denen seyn, die Cap. 2, 8. שָׁרוֹת genannt wurden.

5. יָנֵאץ־הָאֲבִיּוֹנָה. Diese auch grossen Exegeten räthselhaften Worte muste ich übersetzen und zwar auf eine deutschen Lesern verständliche Art übersetzen. Aber um letzteres zu leisten, glaubte ich paraphrasiren zu müssen: Und hiebey benutzte ich die Bemerkungen, welche Beyde, sowol Döderlein, als nach ihm, Dathe über selbige machen.